Khalil Gibran
Erde und Seele

W

Khalil Gibran

Erde und Seele

Ungewöhnliche Weisheiten

Aus dem Arabischen übertragen
von Yussuf und Ursula Assaf

Walter-Verlag
Zürich und Düsseldorf

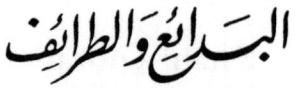

al-Badā'i' waṭ-Ṭarā'if

Der Originaltitel erschien 1923 in Kairo

Die Deutsche Bibliothek – CIP-Einheitsaufnahme

Ǧibrān, Ǧibrān Ḫalīl:

Erde und Seele: ungewöhnliche Weisheiten/Khalil Gibran.
[Aus dem Arab. übertr. von Yussuf und Ursula Assaf]. – Zürich;
Düsseldorf: Walter, 1996
Einheitssacht.: al-Badā'i' waṭ-ṭarā'if ‹dt.›
ISBN 3-530-10003-X

Alle Rechte der deutschen Ausgabe vorbehalten
© Walter-Verlag AG, Zürich 1996
Satz: Jung Satzcentrum GmbH, Lahnau
Druck und Einband: Clausen & Bosse, Leck
Printed in Germany
ISBN 3-530-10003-X

Inhalt

Die Schalen und der Kern

Nie trank ich ein Glas bitteren Wermut, ohne daß sein Nachgeschmack süß wie Honig war. Nie erklomm ich einen steilen Pfad, ohne durch den Anblick eines grünen Tals belohnt zu werden. Und nie verlor ich einen Freund im dichten Nebel, ohne ihn in der anbrechenden Morgenröte wiederzufinden.

Wie oft verbarg ich meine Schmerzen und Qualen unter der Decke der Geduld – in der Annahme, daß darin Verdienst und Nutzen läge; doch wenn ich die Decke lüftete, spürte ich, daß sich die Schmerzen in Freude und die Qualen in Glück verwandelt hatten.

Wie oft begleitete mich jemand durch diese sichtbare Welt, und ich dachte bei mir: Wie schwerfällig und dumm mein Begleiter doch ist! Aber kaum hatten wir die Welt der Geheimnisse erreicht, da mußte ich feststellen, daß ich ein ungerechtes Urteil gefällt hatte und mein Begleiter im Gegenteil sehr geistreich und weise war.

Und wie oft war ich trunken vom Wein der Selbsttäuschung: Ich hielt mich für einen Fuchs in der Gesellschaft eines Lammes; doch wenn ich aus dem Rausch erwachte, entdeckte ich, daß wir beide Menschen waren.

Wir Menschen – ihr ebenso wie ich – lassen uns durch die äußeren Erscheinungsformen blenden und sind blind für das Wesentliche und Wahrhaftige, das verborgen ist.

Wenn jemand stolpert, sagen wir, daß er gefallen ist. Wenn er zögert, behaupten wir, daß er ratlos ist. Stottert er, so halten wir ihn für stumm, und seufzt er, dann meinen wir, daß er im Sterben liegt. Ihr und ich – wir lassen uns beeindrucken von den Schalen des Ich, von seiner äußeren Gestalt. Wir dringen nicht vor zu den Freuden, die der Geist vermittelt, da wir von Hochmut umgeben sind und die Wahrheit, die in uns ist, nicht zur Kenntnis nehmen. Ich sage euch und mir – und es mag sein, daß mein Wort eine Maske ist, die mein wahres Gesicht verbirgt –: Unsere Augen sehen nur den Dunst, hinter dem sich das Wesentliche verbirgt, das wir eigentlich wahrnehmen sollten; und unsere Ohren hören nur ein Rauschen, das alles übertönt, was wir eigentlich mit unserem Herzen verstehen sollten.

Wenn wir einen Polizisten sehen, der einen Mann ins Gefängnis abführt, sollten wir nicht vorschnell daraus schließen, wer von ihnen kriminell ist. Sehen wir einen Mann, der blutüberströmt ist, und einen anderen, dessen Hände blutbefleckt sind, wäre es unklug, gleich zu schlußfolgern, wer der Mörder ist und wer das Opfer. Wenn wir den einen singen hören und den anderen seufzen, sollten wir uns mit dem Urteil Zeit lassen, wer von beiden glücklich ist.

Bruder, suche nie das Wesen eines Menschen danach zu beurteilen, was in Erscheinung tritt. Halte nie eines seiner Worte oder eine seiner Handlungen für ein Zeichen seiner Gesinnung. Es könnte sein, daß derjenige, den du nicht verstehst, Mühe hat, sich auszudrücken oder verständlich zu machen. Dennoch kann sein Geist dem Verständigen einen Weg weisen und sein Herz kann ein Ort der Offenbarung sein. Es mag sein, daß derjenige, den du wegen seines häßlichen Gesichts und seines leichtfertigen Lebenswandels geringschätzt, eine Gabe des Himmels und ein Hauch Gottes ist.

Vielleicht hast du einmal Gelegenheit, am selben Tag einen Palast und eine Hütte zu betreten; du verläßt den Palast ehrfürchtig und die Hütte voller Mitleid. Doch wenn du den Schleier zerreißen könntest, den deine Sinne aufgrund von Äußerlichkeiten weben, dann würde deine Ehrerbietung dahinschmelzen bis auf den Rest eines Bedauerns, und dein Mitleid würde einem Gefühl der Hochachtung Platz machen.

Es mag sein, daß du zwischen dem Morgen und dem Abend eines Tages zwei Männern begegnest: der erste spricht zu dir mit einer Stimme, in der das Brausen des Sturmes widerhallt, während seine Bewegungen den Schrecken einer Armee verkörpern; der zweite dagegen spricht leise und ängstlich zu dir mit zitternder Stimme und zögernden Worten. Dann bescheinigst du dem ersten Mut und Entschlossenheit, dem zweiten aber Schwäche und Unentschiedenheit. Doch wenn du den beiden wiederbegegnest, nachdem ihr Schicksal sie vor schwierige Entscheidungen gestellt hat oder gar vor die Forderung, sich selbst für eine Idee zu opfern, so magst du entdecken, daß die zur Schau getragene Verwegenheit keine Tapferkeit ist und die scheue Verlegenheit keine Feigheit.

Vielleicht siehst du, wenn du eines Tages aus dem Fenster deines Hauses blickst, auf der rechten Straßenseite unter den Passanten eine Nonne und auf der linken eine sehr aufgeputzte junge Frau. Dein erster Gedanke wird wohl sein, wie vornehm die eine ist und wie gewöhnlich die andere. Doch wenn du eine Weile mit geschlossenen Augen lauschst, wirst du den Wind flüstern hören: diese beschwört sich mit Gebeten, jene erwartet mich sehnsüchtig, und in den Herzen beider gibt es einen Platz für mich.

Es ist möglich, daß du auf dieser Welt herumreist auf der Suche nach dem, was man Zivilisation und Fortschritt nennt. Auf dieser Reise gelangst du in eine Stadt mit prächtigen Palästen, hohen, herrlichen Häusern und breiten Straßen. Die Menschen dieser Stadt hasten und eilen hierhin und dorthin; die einen durchqueren unterirdische Tunnels, die andern überfliegen die Stadt, sie telefonieren und telegrafieren, und alle sind so elegant gekleidet, als ob sie an einem Fest teilnähmen.

Einige Tage später führt dich dein Weg in eine andere Stadt mit kleinen, unsichtbaren Häusern und engen Gassen. Wenn es dort regnet, gleicht die Stadt einer treibenden Insel in einem Meer aus Schlamm und Morast, und wenn dort die Sonne scheint, ist die ganze Stadt in eine Staubwolke gehüllt. Ihre Bewohner sind einfache Leute, sie gehen gemächlich und arbeiten geruhsam, und sie schauen dich an mit Blicken, die etwas wahrzunehmen scheinen, das weit von dir entfernt ist.

Du verläßt ihre Stadt verächtlich, indem du dir insgeheim sagst: Der Unterschied zwischen diesen beiden Städten ist wie der zwischen Leben und Agonie. Hier liegt die Macht, der Flut des Meeres gleich – und dort ist die Schwäche, der Ebbe gleich.

Hier sieht man den Eifer des Frühlings und Sommers, dort die Trägheit des Herbstes und Winters. Hier erlebt man die Regsamkeit und Ausdauer der Jugend, die im Garten tanzt, dort die Schwäche und Trägheit der Greise, die auf der Asche liegen. Wenn du aber diese beiden Städte im Licht Gottes betrachten könntest, würdest du in ihnen zwei einander ähnliche Bäume in einem Garten erkennen. Vielleicht entdeckst du dann auch ihre Wirklichkeit, nämlich daß alles, was du in der einen für Fortschritt und Zivilisation hieltest, nur glänzende Wasserblasen sind, die sich in nichts auflösen, und daß das, was dir als Trägheit in der anderen Stadt erschien, ihr verborgenes Wesen ist, das Bestand und Dauer hat.

Das Leben vollzieht sich nicht an der Oberfläche, sondern im Verborgenen. Es kommt nicht auf die äußere Schale der Dinge an, sondern auf ihren inneren Kern, und die Menschen erkennt man nicht an ihren Gesichtern, sondern an ihren Herzen.

Religion beschränkt sich nicht auf das, was ihre Tempel ausstellen und ihre Riten und Traditionen verkünden, sondern darauf, was sich in den Seelen verbirgt und welche Vorsätze in die Tat umgesetzt werden.

Kunst besteht nicht in den Hebungen und Senkungen einer Melodie, die man hört, auch nicht in den Glockenklängen eines Gedichts, dem man lauscht, und nicht in den Linien und Farben eines Bildes, das man betrachtet. Vielmehr besteht sie aus jenen Pausen des Schweigens, die sich zwischen den Hebungen und Senkungen einer Melodie ausdehnen; sie besteht aus dem, was in dich einströmt von den stillen, nicht zur Sprache gelangten Gedanken des Dichters, und aus dem, was ein Bild dir an Schönerem und Erhabenerem offenbart, als es seine Linien und Farben auszudrücken vermögen.

Bruder, die Tage und Nächte bestehen nicht nur aus ihrer äußeren Gestalt. Und ich, der sich im Reigen der Tage und Nächte bewegt, befinde mich in den Worten, die ich vor die ausbreite, nur in dem Maße, wie sie dir mein schweigendes Innere enthüllen. So halte mich nicht für unwissend, bevor du mein verborgenes Wesen erkannt hast; und betrachte mich nicht als Genie, bevor du mich von dem entlehnten Wissen befreit hast; tadle mich nicht als geizig und engherzig, bevor du mein Herz siehst; und nenne mich nicht großzügig und freigebig, bevor du diejenigen kennengelernt hast, die meine Freigebigkeit erfahren haben. Nenne mich erst einen Liebenden, nachdem du meine Liebe erfahren hast mit allem, was sie an Licht und Feuer enthält; und halte mich nicht für frei, bevor du meine blutenden Wunden berührt hast.

Meine Seele unter der Last ihrer Früchte

Meine Seele trägt schwer an ihren Früchten. Gibt es jemanden, der sie pflückt, sie ißt und sich an ihnen labt? Gibt es unter den Menschen nicht einen, der gefastet hat und der so gütig ist, sein Fasten zu brechen, um mich zu befreien von der Last meines Überflusses und meiner Überfülle?

Meine Seele gleitet zu Boden unter der Last von Gold und Silber. Gibt es unter den Menschen jemanden, der seine Taschen damit füllt und meine Bürde erleichtert?

Meine Seele strömt über vom Wein der Ewigkeit. Gibt es jemanden, der durstig ist, der ihn einschenkt und trinkt, um seinen Durst damit zu löschen?

Ein Mann am Straßenrand. Er streckt seine mit Edelsteinen gefüllte Hand den Vorübergehenden entgegen und ruft: Erbarmt euch und nehmt von meiner Habe! Habt Mitleid und teilt meinen Besitz mit mir! Doch die Leute laufen an ihm vorüber, ohne ihn zu beachten. Wäre er doch ein Bettler, der den Passanten eine leere, zitternde Hand entgegenstreckt, die er leer und zitternd zurückzieht! Wäre er doch lahm und blind, und die Menschen gingen teilnahmslos an ihm vorbei! Aber er ist wohlhabend und freigebig. Er hat sein Zelt in der weiten, unbekannten Wüste aufgerichtet, am Fuß des Berges. Jeden Abend entfacht er ein Feuer, um Reisende gastlich aufzunehmen und ihnen ein

Mahl zu bereiten. Er schickt seine Diener aus, damit sie auf den nächtlichen, finsteren Pfaden Ausschau halten nach Vaganten und Verirrten, um sie reich zu bewirten und zu beschenken. Doch die Wege sind geizig; sie bescheren ihm niemanden, den er empfangen und beschenken könnte.

Wäre er doch ein Landstreicher, der im Land umherstreift, in seiner Hand ein Stab und am Arm einen Ledereimer[1], und wenn der Abend kommt, würden die Wegkreuzungen ihn mit seinen Gefährten, den anderen Landstreichern und Vagabunden, zusammenführen. Er würde sich zu ihnen setzen und das Brot des Almosens mit ihnen teilen.

Die Tochter des mächtigen Königs erwachte aus ihrem Schlaf. Sie erhob sich von ihrem Lager und legte ihre purpurnen Gewänder an; dann schmückte sie sich mit Perlen und Saphiren, streute wohlriechenden Moschus auf ihre Haare und tauchte ihre Finger in das duftende, flüssige Ambra. So trat sie in den Schloßgarten hinaus und ging dort spazieren, und die Tautropfen befeuchteten den Saum ihres purpurnen Gewandes. In der Stille der Nacht ging die Tochter des mächtigen Königs durch die paradiesischen Gärten, auf der Suche nach einem Geliebten. Doch im Königreich ihres Vaters fand sich niemand, der sie liebte.

Wäre sie die Tochter eines der Hirten, der die Schafe ihres Vaters in den Tälern hütet. Am Abend käme sie in die Hütte ihres Vaters zurück – mit staubbedeckten Füßen und umfangen vom Duft der Weinreben, der in den Falten ihres Kleides haftete.

[1] zum Wasserschöpfen aus Ziehbrunnen

Wenn dann die Nacht hereinbricht und die Bewohner der Umgebung schlafen, führten ihre Schritte sie dorthin, wo ihr Geliebter auf sie wartete.

Oder wäre sie eine Nonne in einem Kloster, die ihr Herz – dem Weihrauch gleich – verbrennen würde, so daß die Luft erfüllt wäre vom Wohlgeruch ihres Herzens, und ihr Geist würde – einer Kerze gleich – brennen und die Luft erhellen und erwärmen. Sie kniete im Gebet versunken, und die verborgenen Geister würden ihre Gebete in die Schatzkammern der Ewigkeit tragen, wo die Gebete der Diener Gottes aufbewahrt werden, zusammen mit den Qualen der Liebenden und den Eingebungen derer, die sich in die Einsamkeit zurückziehen.

Wäre sie doch eine Greisin, die in der Sonne sitzt und sich an ihren Strahlen wärmt, die diesen Morgen mit ihr teilen. Das wäre besser als die Tochter des mächtigen Königs zu sein, die im ganzen Königreich ihres Vaters niemanden findet, dem ihr Herz das Brot des Lebens bedeutet und ihr Blut den Wein des Lebens.

Meine Seele trägt schwer an ihren Früchten. Gibt es auf der Erde jemanden, der hungrig ist, der sie pflückt, ißt und sich an ihnen labt?

Meine Seele strömt über vom Wein. Gibt es jemanden, der durstig ist, der ihn einschenkt und trinkt, um seinen Durst damit zu stillen?

Wäre ich ein Baum, der weder blüht noch Früchte trägt, denn die Qualen ungenutzter Fruchtbarkeit sind bitterer als die Leiden der Unfruchtbarkeit!

Und die Qualen eines Reichen, von dem man nichts annimmt, sind größer als die Verzweiflung eines Armen, der nichts erhält.

Wäre ich ein ausgetrockneter Brunnen, in den die Menschen Steine werfen. Es wäre besser als eine Quelle frischen Wassers zu sein, an der die Durstigen vorbeigehen, ohne ihren Durst zu löschen.

Wäre ich doch ein zermalmtes Rohr, auf das man mit Füßen tritt. Es wäre besser als eine Gitarre mit silbernen Saiten zu sein in einem Haus, dessen Besitzer keine Hände hat und dessen Bewohner taub sind.

Eine Handvoll Sand

Die Qual der Liebe singt,
die Qual der Erkenntnis spricht,
die Qual des Verlangens flüstert,
und die Qual der Armut klagt.
Aber es gibt eine Qual, die tiefer ist als die Liebe,
erhabener als die Erkenntnis, stärker als das Verlangen und bitterer als die Armut. Doch sie ist stumm
und sprachlos, nur ihre Augen glänzen wie Sterne.

Wenn du dich bei deinem Nachbarn über dein Unglück beklagst, öffnest du ihm einen Teil deines
Herzens. Hat er eine großmütige Seele, so dankt er
dir dafür; ist sie aber kleinmütig, verachtet er dich
deshalb.

Fortschritt besteht nicht in der Verbesserung dessen, was war, sondern in der Ausrichtung auf das,
was sein wird.

Die Unterwürfigkeit ist ein Schleier, der die Gesichtszüge des Stolzes verbirgt; und die Anklage ist
eine Maske, die das Gesicht des Unglücklichen bedeckt.

Wenn der Wilde Hunger hat, pflückt er eine
Frucht vom Baum und ißt sie. Wenn der Zivilisierte hungrig ist, kauft er die Frucht von dem, der
sie demjenigen erstand, der sie gepflückt hat.

Die Kunst ist ein Schritt vom sichtbaren Bekannten zum verborgenen Unbekannten.

Manche Menschen drängen mich, ihnen zu vertrauen, um meine Nachsicht zu erfahren.

Kaum hatte ich die Gesinnung eines Menschen erkannt, da betrachtete er mich als sein Schuldner.

Wenn die Erde atmet, leben wir; wenn sie ihren Atem anhält, sterben wir.

Das Auge des Menschen ist wie ein Fernglas; es zeigt ihm die Erde größer, als sie in Wirklichkeit ist.

Einer Nation, die Frechheit als Mut betrachtet und Nachgiebigkeit als Feigheit, fühle ich mich nicht mehr zugehörig.

Ich sage mich los von Menschen, die Geschwätzigkeit mit Wissen gleichsetzen, Schweigen mit Unwissenheit und das Künstliche mit Kunst verwechseln.

Ich habe nie gehaßt, ohne daß der Haß eine Waffe war, mit der ich mich verteidigte. Wenn ich nicht schwach wäre, hätte ich diese Waffe nicht nötig.

Man empfahl mir: Wenn du einen schlafenden Sklaven siehst, wecke ihn nicht, damit er nicht an seine Freiheit denkt. Ich aber sage: Wenn du einen schlafenden Sklaven siehst, so wecke ihn und sprich mit ihm über die Freiheit!

Widerspruch ist ein niedriger Grad von Intelligenz.

Das Schöne fesselt uns, aber das Schönste befreit uns von uns selbst.

Die Begeisterung ist ein Vulkan, auf dessen Kraterrand kein Gras des Zögerns und Zauderns wächst.

Der Fluß setzt seinen Weg zum Meer fort, ob das Rad der Mühle gebrochen ist oder nicht.

Der Schriftsteller wurde aus Gefühl und Gedanken geschaffen, dann erst wurde ihm die Gabe des Wortes verliehen. Der Gelehrte hingegen wurde aus Worten geschaffen, und später erst erhielt er ein wenig Gefühl und Denkvermögen.

Sie halten mich für scharfsichtig und adleräugig, weil ich sie durch ein Gitter betrachte.

Weder deine Freude noch dein Kummer vergrößern sich, ohne daß die Welt in deinen Augen kleiner wird.

Wissen vermehrt die Saat, doch es streut sie nicht aus.

Es ist möglich, daß in der Schwierigkeit, die uns eine Sache bereitet, der einfachste Weg zu ihr liegt.

Hätte der Urahn von Jesus gewußt, wer aus ihm hervorginge, so hätte er sich selbst gegenüber wohl Demut und Achtung empfunden.

Die Liebe ist Glück, das erbebt.

Du ißt schnell und du läufst langsam; hast du etwa mit deinen Füßen gegessen und bist auf deinen Handflächen gelaufen?

Den Schmerz der Einsamkeit fühlte ich erst, als die Menschen den Fehler meiner Geschwätzigkeit lobten und die Tugend meines Schweigens schmähten.

Unter den Menschen gibt es Mörder, die kein Blut vergossen haben, Diebe, die nichts gestohlen haben, und Lügner, die nichts als die Wahrheit sagen.

Die Wahrheit, die einen Beweis braucht, ist die halbe Wahrheit.

Halt mich fern von der Weisheit, die nicht weint, von der Philosophie, die nicht lacht, und von der Größe, die sich nicht vor Kindern verneigt.

O geistiges Wesen, das in den sichtbaren Dingen der Schöpfung verborgen ist, das ihnen und durch sie gegenwärtig ist. Du hörst mich, weil du auch in mir anwesend bist, und du siehst mich, weil du der Tiefblick aller Lebewesen bist. Leg ein Samenkorn deiner Weisheit in meine Seele, damit sie zu einem Ableger in deinem Wald erblühe und Früchte von deinen Früchten hervorbringe.

Ein Schiff im Nebel

Dies ist die Geschichte eines Mannes, der uns in einer Nacht, die in eine Schneedecke eingehüllt war und unter den Hieben des Windes erzitterte, in seinem einsamen und abgelegenen Haus versammelte, das an einem Hang des Qadische-Tales steht. Während er mit der Spitze seines Stockes, den er in der Hand hielt, in der Asche herumstocherte, begann er zu erzählen:

Ihr verlangt, meine Freunde, daß ich euch das Geheimnis meiner Traurigkeit enthülle. Ihr wollt, daß ich euch die Tragödie erzähle, an die das Gedächtnis mein Herz Tag und Nacht erinnert. Meine Verschwiegenheit und Zurückhaltung haben euch verdrossen, und meine Klagen und Seufzer haben euch beruhigt.

Ihr sagtet euch: Wenn dieser Mann uns nicht in den Tempel seiner Leiden eintreten läßt, wie können wir dann das Haus seiner Freundschaft betreten? Und ihr habt recht, meine Freunde, wer uns nicht an seinem Leiden teilnehmen läßt, wird auch nichts anderes mit uns teilen. So hört also meine Geschichte. Hört zu, ohne mich zu bemitleiden, denn das Mitleid gilt den Schwachen, und ich bin stark – selbst in meinem Kummer.

Seit dem Morgenrot meiner Jugend sah ich in meinen Wachträumen ebenso wie in den nächtlichen Träumen den Schatten einer schönen Frau von seltener Art und bemerkenswerten Vorzügen. Ich sah sie in einsamen Nächten vor meinem Bett stehen. Wenn es ganz still wurde, hörte ich ihre Stimme; ich schloß meine Augen und lauschte ihr. Dann fühlte ich ihre Finger meine Stirn berühren, und ich stand erschrocken auf und lauschte angespannt in das Flüstern des Nichts.

Zuweilen fragte ich mich besorgt: Hat mich meine Phantasie so genarrt, daß ich im Nebel umherirre? Habe ich aus dem Dunst meiner Träume eine Frau geschaffen mit schönem Gesicht, süßer Stimme und zarter Hand, die an die Stelle einer wirklichen Frau tritt?

Ist mein Geist so verwirrt, daß er sich aus den Schatten seiner Vorstellungen und Wünsche eine Begleiterin geformt hat, die ich liebe, auf die ich höre und auf die ich mich verlasse? Ich entferne mich von den Menschen, um ihr nahe zu sein, und ich verschließe Augen und Ohren vor allen Bildern und Stimmen des Lebens, um nur ihr Bild zu sehen und ihre Stimme zu hören. Bin ich ein Wahnsinniger, dem es nicht genügt, sich in die Einsamkeit zurückzuziehen, der sich vielmehr aus den Phantomen der Einsamkeit noch eine Gefährtin und Begleiterin schafft?

Ich sagte «Gefährtin», und ihr findet das Wort in diesem Zusammenhang befremdend. Doch es gibt manche Erfahrungen, die uns befremden, die wir sogar leugnen und bestreiten, da sie uns unmöglich erscheinen, aber die Befremdung und das Leugnen können die Wirkung und Wirklichkeit in unserer Seele dennoch nicht auslöschen. Jene imaginäre Frau war tatsächlich meine Lebensgefährtin. Sie nahm an allem teil und teilte alles mit mir, was das

Leben bereithält an Überraschungen und Spannungen, an Freuden und Wünschen. Nie erwachte ich am Morgen, ohne sie vor mir zu sehen, gestützt auf das Kissen meines Bettes, und sie schaute mich an mit Blicken, in denen sich die Reinheit der Jugend und ein Gefühl der Mütterlichkeit vereinten. Ich tat nie etwas, ohne daß sie mir dabei half. Nie setzte ich mich zum Essen an den Tisch, ohne daß sie mir gegenüber saß und mich in einen Meinungs- und Gedankenaustausch verwickelte. Und es verging kaum ein Abend, ohne daß sie zu mir kam und mich einlud: Komm, laß uns ein wenig zwischen den Hügeln und Hängen spazierengehen; wir waren nun lang genug in diesen vier Wänden. Und ich ließ meine Arbeit und ging mit ihr hinaus, indem meine Hand die ihre umschloß, bis wir die Felder erreichten, auf die sich der Schleier des Abends gesenkt hatte. Umgeben vom Zauber der Natur setzten wir uns nebeneinander auf einen hohen Felsen und betrachteten die Abendröte in der Ferne. Manchmal zeigte sie auf Wolken, die die Strahlen des Sonnenuntergangs vergoldeten, und manchmal beobachtete sie mich, wenn ich dem Gesang eines Vogels lauschte, der ein Lied des Dankes anstimmte, bevor er zum Schlaf ins Blätterwerk flüchtete.

Wie viele Male trat sie in mein Zimmer ein, während ich dort unruhig und angestrengt arbeitete, und ich sah sie erst, wenn sich meine Unruhe plötzlich in Ruhe wandelte und meine Anstrengung in Zuversicht.

Wie oft geschah es, daß ich Menschen traf, und in meinem Geist erhob sich eine Armee, die gegen alles rebellierte, was ich in ihren Seelen haßte. Doch kaum hatte ich ihr Gesicht unter den anderen Gesichtern entdeckt, da verwandelte sich der Sturm in meinem Inneren in himmlische Gesänge.

Wie viele Male saß ich einsam, mein Herz war durchbohrt vom Schwert der Sorgen und der Kümmernisse des Lebens, und um meinen Hals hing eine Kette aus Schwierigkeiten und Existenzproblemen. Dann sah ich sie plötzlich vor mir stehen und mich mit strahlenden Augen ansehen, und meine Wolken lösten sich allmählich auf, mein Herz erwärmte sich, und das Leben erschien mir aufs neue – vor meinem inneren und äußeren Auge – als ein Paradies der Freude und des Glückes.

Ihr wollt wissen, meine Freunde, ob ich mit diesem außergewöhnlichen und sonderbaren Zustand zufrieden war. Ihr fragt euch, ob sich ein Mann – in der Blüte seiner Jugend – mit etwas begnügen kann, das ihr als Einbildung, als Phantasterei oder gar als Hirngespinst abtut.

Ich kann euch versichern, daß die Jahre, die ich auf diese Weise verbracht habe, zum Kostbarsten gehören, was ich seitdem an Schönheit und Glück, an Wonnen und Entspannung erlebt habe. Ich versichere euch, daß ich zusammen mit meiner imaginären Begleiterin ein absolut freier Gedanke war, der im Sonnenlicht umherstreift, der auf der Oberfläche des Meeres dahingleitet und in Vollmondnächten lustwandelt, der sich an Gesängen erfreut, die kein Ohr gehört hat, und vor Landschaften anhält, die kein Auge gesehen hat.

Das ganze Leben besteht darin, was wir mit unserem Geist erleben, und unser ganzes Sein setzt sich aus dem zusammen, was unser Geist erkannt und verwirklicht hat – und wir sind darüber beglückt oder wir leiden darunter. Ich habe diese Erfahrungen jeden Tag und jede Nacht aufs neue gemacht, bis ich dreißig Jahre alt wurde.

Hätte ich dieses dreißigste Jahr doch nie erlebt! Tausendundeinmal wünschte ich mir, daß ich gestorben wäre, bevor ich dieses Jahr erreichte, das mir das Herz des Lebens raubte und das Blut in meinen Adern stocken ließ. Ich blieb zurück wie ein vertrockneter, entlaubter, einsamer Baum, dessen Zweige sich nicht mehr zu den Weisen des Windes wiegen und in dessen Blätter und Blüten die Vögel keine Nester mehr bauen ...

Unser Erzähler verharrte eine Weile schweigend mit abgewandtem Kopf und geschlossenen Augen. Seine Arme liegen schlaff und kraftlos auf dem Sessel, und er erweckt den Anschein der personifizierten Verzweiflung. Wir schwiegen und warteten darauf, daß er seine Erzählung fortsetzte. Da öffneten sich seine Lider, und mit brüchiger Stimme, die aus den Tiefen einer verwundeten Seele kam, fuhr er fort:

Ihr erinnert euch vielleicht daran, meine Freunde, daß mich der Gouverneur dieses Gebirges vor zwanzig Jahren mit einem wissenschaftlichen Auftrag in die Stadt Venedig schickte und mir ein Schreiben an den Gouverneur dieser Stadt mitgab, dessen Bekanntschaft er in Konstantinopel gemacht hatte.

Ich verließ den Libanon auf einem italienischen Schiff – es war im April, und der Geist des Frühlings vibrierte im Herzen des Windes, er kräuselte die Wellen des Meeres und erschien in schönen, wechselnden Bildern aus dichten weißen Wolken am Horizont. Wie kann ich euch diese Tage und Nächte beschreiben, die ich an Bord des Schiffes verbrachte? Die Worte, die den Menschen bekannt sind, reichen nicht aus, um das auszudrücken, was menschliche Sinne empfinden und wahrnehmen können. Und der Geist ahnt darüber hinaus Dinge, die auch die Wahrnehmung und Empfindung überschreiten, die um vieles subtiler und feiner sind als das Gefühl. Und wie soll ich euch all das mit Worten beschreiben?

Die Jahre, die ich mit meiner imaginären Gefährtin verbrachte, waren angefüllt von Zuneigung und Vertrautheit und eingehüllt in Stille und Einverständnis. Es kam mir nicht in den Sinn, daß hinter dem Schleier meines Glücks das Leid auf mich wartete und daß sich auf dem Grund meines Kelches die Bitterkeit befand. Ich empfand keine Furcht vor dem Verwelken einer Blume, die über den Wolken wächst, und dem Verklingen eines Liedes, das die Nymphen der Morgenröte angestimmt hatten.

Als ich diese Hügel und Täler verließ, saß meine Gefährtin neben mir in dem Fahrzeug, das uns an die Küste brachte. Und in den drei Tagen, die ich vor meiner Abreise in Beirut verbrachte, wich sie nicht von meiner Seite, wohin ich auch ging und wo immer ich mich aufhielt. Nie traf ich mich mit einem Freund, ohne daß ich sah, wie sie ihm zulächelte, ich besuchte keine Stätte, ohne daß ich ihre Hand in der meinen fühlte, und ich saß abends nie auf dem Balkon des Hauses und hörte auf die Stimmen der Stadt, ohne daß sie an meiner Seite saß, an meinen Betrachtungen teilnahm und meine Überlegungen teilte.

Aber in dem Augenblick, als das kleine Boot mich vom Beiruter Hafen wegtrug, als ich an Deck des großen Passagierdampfers ging, da fühlte ich eine spürbare Veränderung in der Atmosphäre und in meinem Herzen. Ich spürte, wie eine unsichtbare starke Hand meinen Arm ergriff, und ich hörte eine Stimme in mein Ohr flüstern: Geh zurück, woher du gekommen bist! Steig wieder in das kleine Boot und kehre zurück an die Ufer deiner Heimat, bevor das Schiff die Anker lichtet!

Das Passagierschiff stach in See, und ich befand mich an Bord des Schiffes wie ein Vogel zwischen den Krallen eines Geiers, der hoch oben im Himmelsraum schwebt.

Als der Abend kam und die Berge des Libanon allmählich im Dunst des Meeres verschwanden, stand ich allein am Bug des Schiffes, und die Begleiterin meiner Träume, die Frau, die mein Herz liebt, die Gefährtin meiner Jugend, war nicht bei mir. Das holde junge Mädchen, dessen Gesicht ich gesehen hatte, sooft ich zum Blau des Himmels blickte, und dessen Stimme ich gehört hatte, sooft ich in die Stille lauschte, und dessen Hand ich gefühlt hatte, sooft ich meine Hand ausstreckte, es war nicht auf diesem Schiff. Und zum allerersten Mal fühlte ich mich elend, einsam und allein – im Angesicht der Nacht, des Meeres und des Himmels.

Diese Situation dauerte an, obgleich ich nach allen Seiten ging und im Herzen nach meiner Begleiterin rief; ich blickte lange in die sich brechenden Wellen

– in der Hoffnung, ihr Gesicht in der weißen Gischt zu entdecken.

Um Mitternacht, als die Passagiere sich in ihre Kabinen zurückgezogen hatten, blieb ich allein an Deck zurück, verwirrt, verloren und unruhig. Da sah ich sie plötzlich – einige Schritte von mir entfernt – im Nebel stehen. Ich erschrak, streckte meine Hand nach ihr aus und sagte: Warum hast du mich verlassen? Warum hast du mich in diese Einsamkeit verbannt? Wohin bist du gegangen? Wo warst du, meine Begleiterin? Komm näher zu mir! Komm, und verlaß mich nie mehr!

Sie kam nicht näher, sondern blieb unbeweglich stehen. Auf ihrem Gesicht lag ein Ausdruck tiefen Leids, so erschreckend, wie ich es nie zuvor in meinem Leben gesehen hatte, und mit schwacher Stimme antwortete sie: Ich komme aus der Tiefe des Abgrunds, um dich für einen Augenblick zu sehen. Ich muß nun wieder zurück. Geh in deine Kabine und überlaß dich dem Schlaf und den Träumen.

Nach diesen Worten löste sie sich wieder in Nebel auf und verschwand. Ich rief nach ihr mit der Hartnäckigkeit eines Kindes, das sich verirrt hat. Ich streckte meine Arme in alle Richtungen aus, doch ich fühlte nichts als die Luft, die schwer war vom Tau der Nacht.

Ich ging in meine Kabine, während in meinem Geist die widersprüchlichsten Gefühle miteinander kämpften; ich befand mich im Inneren dieses Schiffes als ein anderes Schiff im Meer der Verzweiflung und Verirrung. Doch es war erstaunlich: kaum hatte ich meinen Kopf auf das Kissen gelegt, als ich in meinen Lidern eine bleierne Schwere spürte, mein ganzer Körper war wie betäubt. Ich fiel sogleich in einen tiefen Schlaf, aus dem ich erst am andern Morgen aufwachte. In dieser Nacht träumte ich von meiner Begleiterin: Ich sah sie an einen blühenden Apfelbaum gekreuzigt, das Blut tropfte von ihren Handflächen und von ihren Füßen auf die Äste und Zweige des Baumes und auf das Gras, und die Blutstropfen vermischten sich mit den abgefallenen Blüten des Apfelbaums.

Das Schiff glitt Tag und Nacht dahin zwischen zwei Abgründen, und ich befand mich an Deck, nicht wissend, ob ich ein Mensch war, der in einer Mission in ein fernes Land reiste, oder vielmehr ein Phantom, das im leeren, nur aus Dunst bestehenden Kosmos umherirrte. Nie mehr spürte ich die Nähe meiner Begleiterin, nie mehr sah ich ihr Gesicht, weder beim Wachen noch im Schlaf. Vergeblich betete und flehte ich zu einer verborgenen Macht und bat sie, mich das Echo ihrer Stimme hören, einen Schatten ihres Schattens erspähen oder mich eine Spur ihrer Finger auf meiner Stirn fühlen zu lassen. Während der vierzehntägigen Überfahrt blieb meine Lage unverändert. Am Mittag des fünfzehnten Tages erschien in der Ferne die Küste Italiens, und am Abend dieses Tages lief das Schiff im Hafen von Venedig ein. Buntgefärbte und bemalte Gondeln näherten sich, um die Passagiere und ihr Gepäck in die Stadt zu bringen.

Ihr wißt, Freunde, daß Venedig auf zehn kleinen Inseln erbaut wurde. Die Wasserstraßen erwecken Erstaunen und Bewunderung; die Fundamente der Paläste und Villen stehen im Wasser, und die Gondeln ersetzen die Verkehrsmittel.

Nachdem ich aus dem Schiff in die Gondel gestiegen war, fragte mich der Gondoliere nach meinem Ziel. Als ich ihm den Namen des Stadtgouverneurs nannte, schaute er mich aufmerksam und ehrerbietig an, bevor er damit begann, das Wasser mit seinem Ruder zu bearbeiten.

Die Gondel glitt durch die Nacht, die ihre dunkle Decke über die Stadt gelegt hatte. Um so heller leuchteten die Lichter aus den Fenstern der Paläste, Kirchen und Tempel, und ihre Strahlen spiegelten sich im Wasser und funkelten und glitzerten um die Wette. Da erschien Venedig wie der Traum eines Dichters, faszinierend durch den fremdartigen Anblick und den Zauber dieser Stadt. Kaum hatten wir die Kreuzung des ersten Kanals erreicht, als unzählige Glocken zu läuten begannen und die Luft der Stadt erfüllten mit ihren ehernen, ernsten und feierlichen Klängen.

Obwohl ich mich im Zustand einer geistigen Bewußtlosigkeit befand, die mich von allen sichtbaren und äußeren Dingen abschirmte, durchbohrten diese gewaltigen Töne dennoch den Schild meines Herzens wie Nägel.

Die Gondel legte neben einer Steintreppe an, deren Stufen bis zum Quai vom Wasser umspült waren. Der Gondoliere wandte sich mir zu und zeigte mit seiner Hand auf einen Palast, der inmitten eines Parks stand, und sagte: Das ist sein Palast! Ich stieg aus der Gondel und ging auf den Palast zu, gefolgt von dem Gondoliere, der meinen Koffer auf seiner Schulter trug. Als wir den Eingang erreicht hatten, gab ich ihm seinen Lohn und schickte ihn weg. Dann klopfte ich an die Tür, es wurde mir geöffnet und ich befand mich vor einer Schar von Hauspersonal und Dienern, die ihre Köpfe senkten und ihr Weinen und Schluchzen zu verbergen suchten. Angesichts dieses seltsamen Anblicks war ich ratlos und wußte nicht, wie ich mich verhalten sollte.

Nach einer Weile kam ein älterer Diener auf mich zu, schaute mich aus tränengeröteten Augen an und erkundigte sich nach meinem Wunsch. Ich fragte: Ist das nicht das Haus des Stadtgouverneurs? Er nickte, und ich reichte ihm den Brief, den mir der Gouverneur des Libanon mitgegeben hatte. Er sah schweigend auf die Adresse, dann ging er langsam zu einer Tür am Ende des Korridors.

Alles dies geschah, während ich gedankenlos und willenlos dastand. Da wandte ich mich an eine junge Dienerin und fragte sie nach dem Grund des allgemeinen Trauerns und Klagens. Sie antwortete: Wie seltsam! Wissen Sie nicht, daß die Tochter des Gouverneurs heute gestorben ist? Kaum hatte sie diese Worte ausgesprochen, da bedeckte sie ihr Gesicht mit ihren Handflächen und begann wieder zu schluchzen.

Stellt euch meine Lage vor, Freunde, die Lage eines jungen Mannes, der die Meere durchquerte wie ein vager Gedanke einer Himmelsmacht – verloren zwischen der Gischt der Wellen und den grauen Wolken. Führt euch die Lage eines jungen Mannes vor Augen, der zwei Wochen lang zwischen den Wellen der Verzweiflung und den Schreien des Abgrunds dahinglitt, und nachdem er schließlich an das Ziel seiner Reise gelangt ist, sieht er sich an der Tür eines Hauses, in dem die Trugbilder der Qual und des Leids einhergehen und es mit Trauer und

Klagen erfüllen. Stellt euch einen fremden jungen Mann vor, der um Gastfreundschaft bittet in einem Haus, über dem die Schatten des Todes liegen!

Der Diener, der meinen Brief seinem Herrn gebracht hatte, kam zurück und sagte zu mir: Bitte, mein Herr, der Gouverneur erwartet Sie. Er ging vor mir her und ich folgte ihm, bis wir eine Tür am Ende des Korridors erreichten. Er bat mich einzutreten, und ich betrat einen hohen und weiten Saal, der in Kerzenlicht getaucht war. Dort saßen einige Notablen und Kleriker, alle waren in tiefes Schweigen versunken.

Ich war gerade im Begriff, auf die Gruppe zuzugehen, als mir ein Greis mit weißem Bart entgegenkam, dessen Rücken von Sorgen gebeugt und dessen Gesicht vom Leid gezeichnet war. Er nahm meine Hand und sagte: Ich bedaure sehr, daß du aus einem fernen Land zu uns kommst und uns in Trauer antriffst über den Menschen, der uns der liebste war. Doch ich hoffe, daß unser Unglück dich nicht daran hindert, den Zweck deiner Reise auszuführen. Sei zuversichtlich, mein Sohn! Ich dankte ihm für seine Freundlichkeit und drückte ihm mein Mitgefühl für seinen großen Verlust durch einige konfuse Worte aus.

Der Greis führte mich zu einem Sessel, der neben dem seinen stand, und ich setzte mich schweigend zu denen, die still und ernst dasaßen. Verstohlen betrachtete ich ihre vom Schmerz gezeichneten Gesichter und hörte unterdrückte Seufzer, die auch in meiner Seele Kummer und Leid auslösten.

Nach einer Stunde etwa entfernten sich die Versammelten, einer nach dem anderen, und ich blieb allein zurück mit dem leidgeprüften Vater in diesem stummen Saal. Ich erhob mich und sagte: Erlauben Sie, mein Herr, daß auch ich Sie nun verlasse. Er entgegnete: Nein, mein Freund, gehen Sie nicht weg! Seien Sie unser Gast, sofern Sie unsere Trauer und unsere Seufzer ertragen können. Seine Worte beschämten mich, und ich nickte zustimmend. Da fuhr er fort: Ihr Libanesen seid ja die besten und aufmerksamsten Gastgeber. Bleiben Sie bei uns, damit ich Ihnen wenigstens davon zuteil werden lassen kann, was der Gast in Eurem Land an Gastfreundschaft erfährt.

Der Alte läutete mit einer silbernen Glocke. Da trat ein Diener in goldbesetzter Livree ein. Auf mich deutend, sagte ihm der Alte: Bring unseren Gast ins Ostzimmer und kümmere dich um Speisen und Getränke. Du bist mir für sein Wohlbefinden verantwortlich.

Der Diener führte mich in einen großen, prachtvollen Raum von gediegener Architektur und luxuriöser Einrichtung, dessen Wände mit bemalten Seidentapeten bespannt waren; in der Mitte stand ein fürstliches Bett, auf dem Seidenkissen und bestickte Decken lagen.

Als der Diener gegangen war, ließ ich mich in einen Sessel fallen und dachte über meine Lage in meiner neuen Umgebung nach, an dieses Exil, meine Einsamkeit und an die Ereignisse der vergangenen Stunden, der ersten, die ich in einem fremden Land verbrachte.

Der Diener kam mit einem Tablett zurück, das reichlich gefüllt war mit Speisen und Getränken, und stellte es vor mich hin. Ich aß und trank ein wenig ohne Appetit, dann schickte ich ihn wieder weg.

Zwei Stunden vergingen, indem ich bald im Zimmer auf und ab ging, bald am Fenster stand, die Stimmen der Gondolieri hörte und die Geräusche des Wassers und der Ruder vernahm, bis mich meine Wachheit ermüdete und die Gedanken sich in den Erscheinungen des Lebens und seiner Geheimnisse verloren. Da warf ich mich aufs Bett und lieferte mich der Bewußtlosigkeit aus, in der sich die Trunkenheit des Schlafes und die Klarheit des Wachens verbinden, in der Erinnerung und Vergessen alternieren wie Flut und Ebbe. Ich glich einem schweigenden Kampfplatz, auf dem sich zwei Armeen eine Schlacht lieferten, wobei die Reiter schweigend zu Boden fielen.

Ich erinnere mich nicht mehr, wie viele Stunden ich in diesem Zustand verbracht habe. Es gibt im Leben Zeiträume, die unsere Seele durchmißt und deren Dauer wir nicht mit zeitlichen Maßen messen können, die menschliches Denken geschaffen haben.

Nein, ich weiß nicht, wie viele Stunden ich in dieser Verfassung verbrachte. Alles, was mir von jener Zeit bewußt war und ist – von jener Zeit, in der ich so verwirrt war –, ist das Gefühl der lebendigen Gegenwart eines Menschen, der vor meinem Bett stand. Ich spürte eine vibrierende Gegenwart in meinem Raum, die Anwesenheit eines körperlosen, geistigen Wesens, das mich rief ohne Stimme und das mich einlud ohne Zeichen.

Ich stand auf, stürzte aus dem Zimmer ins Treppenhaus und lief, als ob mich eine höhere Macht antrieb und anzog, die mich völlig beherrschte. Ich lief willenlos wie ein Schlafwandler; ich lief in eine Welt, die außerhalb von Raum und Zeit liegt, bis ich das Ende des Korridors erreicht hatte. Dort trat ich in einen großen Saal, in dessen Mitte ein Sarg stand, umgeben von Blumen und angestrahlt von Leuchtern. Ich näherte mich dem Schrein, kniete mich neben die aufgebahrte Tote und schaute in ihr Gesicht – in das Gesicht meiner Gefährtin –, ich sah das Gesicht der Begleiterin meiner Träume hinter dem Schleier des Todes. Ich sah die Frau, die ich über alle Liebe liebte. Ich sah sie als erstarrte, wächserne Leiche, in weißem Kleid, zwischen weißen Blumen aufgebahrt, und auf ihrem Antlitz lag das Schweigen der Unendlichkeit und der Schauer der Ewigkeit.

Gütiger Gott, Gott der Liebe, des Lebens und des Todes! Du bist es, der unseren Geist schuf und ihn in dieses Licht und diese Dunkelheit sandte. Du schufst unsere Herzen und ließest sie schlagen in Hoffnung und in Schmerzen. Du bist es, der mir meine Begleiterin als leblosen Körper vor Augen führt. Du führtest mich von einem Kontinent zum anderen, um mir den Tod mitten im Leben und den Schmerz in der Freude zu zeigen. Du bist es, der in der Wüste meiner Zurückgezogenheit und Einsamkeit eine weiße Lilie aufwachsen ließ; dann führtest du mich in ein entferntes Tal, wo ich diese Lilie verblüht und leblos wiederfinde.

Ja, meine Freunde, Freunde in meiner Einsamkeit und Entfremdung, Gott hat es so gewollt! Er ließ mich diesen bitteren Kelch trinken. Sein Wille geschehe! Wir Menschen sind ja nur wie Staubkörner in einem grenzenlosen Weltraum. Uns bleibt nichts anderes übrig, als unser Geschick ergeben anzunehmen. Wenn wir lieben, ist unsere Liebe weder von uns noch für uns. Wenn wir uns freuen, ist unsere Freude nicht in uns, sondern im Leben selbst, und wenn wir leiden, leiden wir nicht an unseren Wunden, sondern im Schoß der verwundeten Natur.

Ich erzähle euch, meinen Freunden, diese Geschichte nicht, um mich zu beklagen. Wer klagt, zweifelt am Leben. Ich aber bin gläubig. Ich glaube an die Notwendigkeit der Bitterkeit, die sich uns in jeden Schluck aus den Kelchen der Nächte mischt. Ich glaube an die Schönheit der Nägel, die immer noch mein Herz durchbohren; ich glaube an die Güte der eisernen Finger, die den Schild meines Herzens zerschlugen.

Das ist meine Geschichte. Wie kann ich sie beenden, da sie doch ohne Ende ist? Ich blieb den Rest der Nacht vor der Leiche dieser Frau knien, die ich in meinen Träume geliebt hatte. Ich betrachtete ihr Gesicht, bis die Finger des Morgenrots das Fensterglas berührten. Da kehrte ich in mein Zimmer zurück, gestützt auf die Leiden der Menschheit und gebeugt unter der Last der Ewigkeit.

Drei Wochen später verließ ich Venedig und kam in den Libanon zurück wie jemand, der Tausende von Jahrhunderten in den Tiefen der Zeit verbracht hat. Ich kehrte zurück wie jeder Libanese, der aus einer Fremde in eine andere Fremde kommt.

Verzeiht mir, Freunde, ich habe viel zu lange gesprochen, verzeiht mir!

Sieben Stationen

Meine Seele tadelte mich siebenmal.

Das erste Mal, als ich versuchte,
  mich auf Kosten der Erniedrigten zu erhöhen.

Das zweite Mal, als ich vor Lahmen
  zu hinken vorgab.

Das dritte Mal, als ich zwischen Schwerem und
  Leichtem zu wählen hatte – und dem Leichten
  den Vorzug gab.

Das vierte Mal, als ich einen Fehler beging
  und mich mit den Fehlern anderer tröstete.

Das fünfte Mal, als ich Schwäche hinnahm
  und es der Stärke meiner Geduld zuschrieb.

Das sechste Mal, als ich den Saum meines Gewandes hob,
  damit der Staub des Lebens es nicht beschmutzte.

Und das siebte Mal,
  als ich ein Lied zum Lob Gottes anstimmte
  und den Gesang für eine Tugend hielt.

Meine Seele ermahnte mich

Meine Seele ermahnte und lehrte mich zu lieben, was die Menschen hassen, und diejenigen zu schätzen, die sie herabsetzen. Sie erläuterte mir, daß die Liebe keine Auszeichnung für den Liebenden ist, sondern für den Geliebten.

Bevor meine Seele mich dies lehrte, erschien mir die Liebe als ein hauchdünner Faden, der zwischen zwei nahestehenden Pflöcken ausgespannt ist. Doch jetzt sehe ich sie als einen Glorienschein – ohne Anfang und Ende –, der jedes Wesen umgibt und sich allmählich ausbreitet, bis er alle in seinem Licht umfaßt und vereint.

Meine Seele ermahnte und lehrte mich, die verborgene Schönheit in ihren Formen und Farben zu entdecken. Sie lehrte mich das, was die Menschen häßlich finden, so lange und so aufmerksam zu betrachten, bis es mir seine Schönheit offenbart.

Bevor meine Seele mich dies lehrte, sah ich die Schönheit als zitternde Fackeln inmitten von Rauchsäulen. Doch der Rauch löste sich auf, und ich sah nichts als die Flammen.

Meine Seele mahnte und lehrte mich, den Stimmen zu lauschen, die weder von den Lippen noch von der Kehle erzeugt werden.

Bevor meine Seele mich dies lehrte, waren meine Ohren stumpf. Sie hörten nur auf Lärm und Geschrei. Doch jetzt beginne ich, in die Stille zu lauschen, ich höre ihre Chöre Kantaten singen und Hymnen psalmodieren und die Geheimnisse der Ewigkeit offenbaren.

Meine Seele mahnte und lehrte mich zu trinken, was sich nicht auspressen und in Gläser füllen läßt, die man in die Hand nimmt und womit man seine Lippen berührt.

Bevor meine Seele mich dies lehrte, war mein Durst eine kleine züngelnde Flamme auf einem Hügel aus Asche, den ich mit einem Schluck Wasser aus einer Quelle löschen konnte. Doch jetzt ist die Sehnsucht mein Trinkbecher, ein brennender Durst ist mein Wein, und meine Einsamkeit ist mein Rausch. Mein Durst ist unstillbar. Und in dieser Qual eines nicht zu löschenden Durstes liegt eine Freude, die nicht vergeht.

Meine Seele ermahnte und lehrte mich zu berühren, was ohne Gestalt und Körper ist und sich aus dem Dunst noch nicht herauskristallisiert hat. Sie lehrte mich, daß die Berührung die Hälfte des Verstehens ist, denn wir ergreifen, was wir begehren.

Bevor meine Seele mich dies lehrte, gab ich mich zufrieden mit etwas Warmem, wenn mir kalt war, mit etwas Kaltem, wenn mir warm war, und mit einem von beiden, wenn mir weder kalt noch warm war. Jetzt aber verdunstet meine Berührung in feinen Nebel, der alles durchdringt, was in der Schöpfung sichtbar wird, und sich mit allem vereint, was unsichtbar ist.

Meine Seele ermahnte und lehrte mich, die Wohlgerüche einzuatmen, die keine Pflanze verströmt und keine Kohlenglut verbreitet.

Bevor mich meine Seele dies lehrte, war ich begierig auf die Düfte aus den Gärten, aus den Flacons und den Weihrauchbehältern. Doch jetzt nehme ich Wohlgerüche wahr, die weder durch Feuer noch durch ihr Vergießen entstehen. Ich atme Düfte ein, die es in keinem der Paradiese dieser Welt gibt und die kein Sephir in diese Welt fächelt.

Meine Seele ermahnte und lehrte mich, bereit zu sein, wenn das Unbekannte und die Gefahr nach mir rufen.

Bevor meine Seele mich dies lehrte, fühlte ich mich nur angesprochen, wenn ich die Stimme des Rufenden kannte, und ich ging nur auf Wegen, die ich erprobt hatte und die mir leicht erschienen. Doch jetzt ist das Bekannte für mich ein Reittier, das ich besteige auf der Suche nach dem Unbekannten, und das Leichte ist wie eine Leiter, deren Sprossen ich erklimme, um die Gefahr zu erreichen.

Meine Seele ermahnte und lehrte mich, die Zeit nicht einzuteilen und zu sagen: das war gestern, das wird morgen sein.

Bevor meine Seele mich dies lehrte, stellte ich mir die Vergangenheit als eine Zeit vor, die nicht wiederkehrt, und die Zukunft als eine Zeit, die in unerreichbarer Ferne liegt. Doch jetzt habe ich erfahren, daß in einem Augenblick der Gegenwart die ganze Zeit enthalten ist mit allem, was sie in sich birgt an Wünschen und Erwartungen, an Verwirklichtem und Vollendetem.

Meine Seele ermahnte und belehrte mich, einen Ort nicht zu begrenzen, indem ich sage: hier, da und dort.

Bevor meine Seele mich dies lehrte, war es mir, als würde ich mich von einem Ort entfernen, wenn ich einen anderen aufsuchte. Doch jetzt habe ich erfahren, daß der Ort, an dem ich bin, jeden anderen einbezieht, und der Punkt, den ich auf einer Strecke einnehme, zugleich die ganze Strecke ist.

Meine Seele ermahnte und lehrte mich zu wachen, während die Bewohner meines Stadtteils schlafen, und schlafenzugehen, wenn sie aufwachen.

Bevor meine Seele mich dies lehrte, sah ich die Träume meiner Nachbarn nie, da ich schlief; und sie konnten meine Träume während ihres Schlummers auch nicht sehen. Doch jetzt schlafe ich und schwebe in der Welt der Träume, während sie mich wachend beobachten; anschließend träumen sie, während ich mich freue an ihrem Freiwerden und Verweilen in der Welt der Träume.

Meine Seele mahnte und lehrte mich, über ein Lob nicht entzückt zu sein, und einen Tadel nicht zu fürchten.

Bevor meine Seele mich dies lehrte, war ich im Zweifel über den Wert meiner Handlungen, bis jemand kam, der sie rühmte und rügte. Doch jetzt habe ich erfahren, daß die Bäume im Frühling blühen und im Sommer ihre Früchte reifen, ohne daß sie danach trachten, gelobt zu werden. Und sie verlieren ihre Blätter im Herbst, sind nackt und entblößt im Winter, ohne einen Tadel zu fürchten.

Meine Seele mahnte und lehrte mich und bestätigte mir, daß ich nicht höhergestellt bin als die Bettler und nicht weniger wert bin als die Großen und Mächtigen der Erde.

Bevor meine Seele mich dies lehrte, teilte ich die Menschen in zwei Kategorien ein: in Menschen, die schwach sind und denen mein Mitleid oder meine Mißachtung gilt, und in Menschen, die stark sind, denen ich folge oder gegen die ich mich auflehne. Doch jetzt habe ich erfahren, daß ich ein Einzelwesen bin und zugleich der Baustein, aus dem die ganze Menschheit geschaffen ist. Mein Wesen ist ihr Wesen, meine Gesinnung ihre Gesinnung und meine Bestimmung ihre Bestimmung. Wenn sie Fehler begehen, bin ich mitschuldig; wenn sie Gutes tun, bin auch ich stolz darauf; wenn sie sich erheben, erhebe ich mich mit ihnen; und wenn sie sich zurückziehen, ziehe auch ich mich zurück.

Meine Seele ermahnte und lehrte mich, daß die Lampe, die ich trage, nicht für mich ist. Sie lehrte mich, daß das Lied, das ich singe, nicht in meinem Herzen entsteht. Wenn ich im Licht gehe, heißt es nicht, daß ich Licht bin. Und wenn ich eine Laute bin mit gespannten Saiten, so bedeutet es nicht, daß ich der Lautenspieler bin.

Meine Seele ermahnte und lehrte mich, Bruder, ebenso wie deine Seele dich mahnte und lehrte, daß wir einander ähnlich sind. Der Unterschied zwischen uns beiden besteht nur darin, daß ich mit Beharrlichkeit davon rede, was in mir ist, während du darüber Stillschweigen bewahrst. Und dein Verschweigen ist eine Form der Tugend.

Ihr habt euren Libanon
und ich den meinen

Ihr habt euren Libanon und ich den meinen.

Ihr habt euren Libanon und seine Schwierigkeiten; ich habe meinen Libanon und seine Schönheit.

Ihr habt euren Libanon mit allem, was er an Vorurteilen und Kämpfen enthält; ich habe den meinen mit seinen Träumen und Wünschen.

Ihr habt euren Libanon und begnügt euch damit; ich habe meinen Libanon und gebe mich damit nicht zufrieden, denn mir genügt nur das Absolute.

Euer Libanon ist ein politisches Problem, das die Zeit zu lösen versucht; mein Libanon hingegen sind die Hügel, die sich sanft ins Blau des Himmels erheben.

Euer Libanon ist ein internationales Problem, das die Nächte aufwerfen; mein Libanon sind die stillen, verträumten Täler, in denen das Geläute der Glocken und das Gemurmel der Bäche zusammenklingen.

Euer Libanon ist ein Kampfplatz zwischen Menschen aus dem Morgenland und Menschen aus dem Abendland. Doch mein Libanon ist ein beflügeltes Gebet, das sich am Morgen erhebt, wenn der Hirte seine Schafe auf die Weiden führt, und das am Abend zum Himmel emporsteigt, wenn die Bauern aus ihren Feldern und Weinbergen heimkehren.

Euer Libanon ist eine Regierung, die sich aus vielen Köpfen zusammensetzt; mein Libanon ist das majestätisch aufragende Gebirge, das sich zwischen Meer und Ebene erhebt wie der Dichter zwischen einer Ewigkeit und der anderen.

Euer Libanon ist eine List, die der Fuchs anwendet, wenn er der Hyäne begegnet, und die Hyäne, wenn sie mit dem Fuchs zusammentrifft; aber mein Libanon ist die Erinnerung an Freudenrufe junger Mädchen in Vollmondnächten und an Lieder junger Männer auf der Tenne – die an mein Ohr dringen.

Euer Libanon sind die Quadrate eines Schachbretts, auf dem sich ein religiöser und ein militärischer Chef im Spiel messen; mein Libanon jedoch ist ein Tempel, den ich im Geiste betrete, wenn ich erschöpft bin vom Anblick dieser Zivilisation, die sich auf Rädern bewegt.

Euer Libanon sind zwei Männer, von denen einer seine Steuern zahlt und der andere sie kassiert; mein Libanon ist ein einziger Mann, der auf seinem Arm gestützt im Schatten der Zedern weilt. Er hat sich von allem zurückgezogen – außer von Gott und dem Sonnenlicht.

Euer Libanon besteht aus Häfen, Postämtern und Handelskontoren; doch mein Libanon ist ein weitreichender Gedanke, ein entflammtes Gefühl und ein göttliches Wort, das die Erde ins Ohr des Weltraums flüstert.

Euer Libanon setzt sich zusammen aus Funktionären, Arbeitern und Direktoren; mein Libanon dagegen besteht aus der Ausbildung der Jugend, der Entschlossenheit der Erwachsenen und der Weisheit des Alters.

Euren Libanon bilden Abordnungen und Ausschüsse; mein Libanon aber sind die Begegnungen um einen

Kamin in den Nächten, die erfüllt sind von der Furcht vor dem Gewitter und erhaben in der unberührten Reinheit des Schnees.

Euer Libanon ist zusammengefügt aus Konfessionen und Parteien; mein Libanon ist die Jugend, die die Felsen erklimmt, die mit den Flüssen um die Wette läuft und die Ball spielt auf den Plätzen.

Euer Libanon besteht aus Reden, Konferenzen und Diskussionen; mein Libanon hingegen aus dem Zwitschern der Amseln und Drosseln, aus dem Rascheln der Zweige von Pappeln und Eichen und dem Echo der Flöten in Höhlen und Grotten.

Euer Libanon ist eine Lüge, verborgen hinter einer Maske falscher Intelligenz, er ist eine Heuchelei, eingehüllt in das Gewand der Überlieferung und Verstellung. Mein Libanon aber ist die schlichte und ungeschminkte Wahrheit; wenn du ins Wasser schaust, siehst du nichts anderes als sein ruhiges Gesicht und seine heiteren Gesichtszüge.

Euer Libanon basiert auf papierfüllenden Gesetzen und Artikeln, aus Verträgen und Vereinbarungen, die in Akten stehen; mein Libanon besteht aus den natürlichen Anlagen des Lebens, die nichts von sich selber wissen. Er ist eine Sehnsucht, die im Zustand des Wachens den Saum des Überirdischen berührt.

Euer Libanon ist ein Greis, der seinen Bart hält, seine Stirn runzelt und nur an sich selber denkt; mein Libanon ist ein Jüngling, der wie ein Turm aufrecht steht und wie der junge Morgen strahlt. Er bringt anderen die gleichen Gefühle und Empfindungen entgegen wie sich selbst.

Bald löst sich euer Libanon von Syrien, bald vereint er sich mit ihm; und in beiden Fällen bedient er sich einer List, um zwischen den beiden Extremen – der Bindung und der Lösung – auf halber Strecke zu verharren. Mein Libanon hingegen wird sich weder lösen noch verbinden, weder wird er sich überschätzen, noch wird er sich geringachten.

Ihr habt euren Libanon und ich den meinen.
Ihr habt euren Libanon und seine Söhne; ich habe meinen Libanon und seine Söhne.
Wer sind aber die Menschen eures Libanons? Schaut eine Weile her, damit ich euch die Wirklichkeit vor Augen führe:
Eure Menschen sind diejenigen, die in den Krankenhäusern des Westens geboren wurden, deren Verstand im Schoße der Begierde erwachte. Sie sind biegsame Rohre, die sich willenlos nach rechts oder links biegen und die am Morgen und Abend schwanken und beben, ohne es zu wissen. Sie sind wie Schiffe, die ohne Steuer und Ruder auf hohen Wellen treiben; ihr Steuermann ist das Zögern und ihr Hafen ist eine Geisterhöhle – ist nicht jede Hauptstadt in Europa eine Geisterhöhle? – Untereinander sind sie stark und redegewandt, doch Europäern gegenüber sind sie schwach und stumm.
Sie sind begeisterte Befreier und Reformer, aber nur in ihrer Presse und an ihren Rednerpulten; in Wirklichkeit sind sie Reaktionäre, die vor Europäern zurückweichen. Sie schreien wie die Frösche und behaupten, sie hätten sich von ihrem alten, tyrannischen Feind befreit, doch ihr alter tyrannischer Feind befindet sich in ihrem Inneren.
Sie sind diejenigen, die tanzend und musizierend einen Leichenzug anführen. Wenn sie aber einem

Hochzeitszug begegnen, verwandelt sich ihr Musizieren in Klagelieder, und statt zu tanzen, klopfen sie sich an die Brust und zerreißen ihre Kleider.

Sie kennen keinen Hunger, und wenn sie jemandem mit geistigem Hunger begegnen, lachen sie über ihn und tun seine Not als Einbildung und Hirngespinst ab.

Sie sind Sklaven, deren rostige Ketten die Zeit durch glänzende Ketten ersetzt hat; und sie glauben nun, in die Freiheit entlassen zu sein.

Das sind die Söhne eures Libanon. Gibt es unter ihnen einen, der die Kühnheit der Felsen des Libanon verkörpert, die Erhabenheit seiner Gipfel, die Reinheit seines Wassers und den Wohlgeruch seiner Luft?

Gibt es einen unter ihnen, der zu sagen wagt: Wenn ich sterbe, lasse ich meine Heimat ein wenig besser zurück, als ich sie bei meiner Geburt vorfand. Oder jemanden, der sagen könnte: Mein Leben war ein Blutstropfen in den Adern des Libanon, eine Träne zwischen seinen Lidern, ein Lächeln auf seinen Lippen.

Das sind die Söhne eures Libanon. Wie groß sind sie in euren Augen und wie klein in meinen?

Aber haltet noch ein wenig inne und schaut her, damit ich euch nun die Söhne meines Libanon zeige:

Es sind die fleißigen Bauern, die den unfruchtbaren, steinigen Boden in blühende Gärten verwandeln.

Es sind die Hirten, die ihre Herden von einem Tal ins andere führen, damit die Tiere sich vermehren und fett werden und euch Fleisch als Nahrung liefern und Wolle für euer Gewand.

Es sind die Winzer, die die Trauben pressen und zu Wein und Sirup verarbeiten.

Es sind die Väter, die die Setzlinge des Maulbeerbaums aufziehen, und die Mütter, die das Seidengarn spinnen.

Es sind die Männer, die den Weizen mähen, und die Frauen, die die Garben sammeln.

Es sind die Maurer, Töpfer, Weber und Glockengießer.

Es sind die Dichter, die ihre Seele in neue Gefäße gießen.

Es sind die Sänger, die Volks- und Festlieder vortragen.

Es sind diejenigen, die den Libanon verlassen mit nichts außer der Begeisterung in ihren Herzen und der Entschlossenheit in ihren Armen, und die heimkehren mit den Schätzen der Erde in ihren Händen und Lorbeerkränzen auf ihren Köpfen.

Es sind diejenigen, die neue Gegebenheiten meistern, wohin sie auch kommen mögen, und die die Herzen anziehen, wo immer sie sind.

Es sind diejenigen, die in Hütten geboren werden, und in Palästen des Wissens sterben.

Das sind die Söhne meines Libanon. Sie sind Lampen, die der Wind nicht auszulöschen vermag, und das Salz, das die Zeit nicht verdirbt. Sie schreiten vorwärts mit sicherem Schritt, der Wahrheit, Schönheit und Vollendung entgegen.

Was wird von eurem Libanon und den Söhnen eures Libanon nach hundert Jahren übrigbleiben? Sagt es mir! Was werdet ihr hinterlassen außer Sprüchen, Verfälschungen und Torheit? Glaubt ihr etwa, daß die Zeit die Erscheinungen von Betrug, Heuchelei und Schwindel in Erinnerung behielte? Glaubt ihr etwa, daß die Luft in ihren Sphären die Schatten des Todes und den Hauch der Gräber aufbewahre? Könnt ihr euch vorstellen, daß das Leben sich mit schäbigen, abgetragenen Lumpen bekleidet?

Ich sage euch – und die Wahrheit ist mein Zeuge –, daß der Setzling eines Olivenbaums, den ein Bauer an den Abhängen des Libanon pflanzt, all eure Taten und Werke überdauern wird, und daß der von Ochsen gezogene Holzpflug in den Tälern des Libanon edler und vornehmer ist als euer Wünschen und Trachten.

Ich sage euch – während das Gewissen des Seins mir zuhört –, daß das Lied einer Bäuerin auf den Feldern des Libanon langlebiger ist als alles Geschwätz des größten und angesehensten Redners unter euch.

Ich sage euch, daß ihr nichts bewirkt. Wenn ihr euch dessen schmerzlich bewußt wäret, würde sich meine Verachtung für euch in Mitgefühl wandeln, aber ihr seid euch dessen nicht bewußt.

Ihr habt euren Libanon, ich habe den meinen.
Ihr habt euren Libanon und die Söhne eures Libanon und begnügt euch damit – wenn ihr Genüge finden könnt an leeren Wasserblasen. Und ich gebe mich zufrieden mit meinem Libanon und seinen Söhnen, und das gibt mir Gelassenheit, Ruhe und Vertrauen.

Die Erde

Widerwillig, notgedrungen und widerstrebend geht die Erde aus der Erde hervor.
Dann geht sie stolz auf der Erde einher.
Sie errichtet Paläste, Burgen und Tempel.
Sie bringt Legenden, Lehren und Gesetze hervor.
Schließlich ermüden die Erde die Taten der Erde.
Und sie webt aus den Luftspiegelungen der Erde Fantasien und Träume. Dann legt sich Schwere auf die Wimpern der Erde, und sie schläft ein – ruhig, tief und ewig.
Und die Erde sagt zur Erde: Ich bin der Schoß und das Grab, und ich werde der Schoß und das Grab bleiben, bis die Sterne vergehen und die Sonne zu Asche verbrennt.

Gestern, heute und morgen

Ich sagte zu meinem Freund: Schau, wie sie sich an seinen Arm lehnt. Gestern noch lehnte sie sich an meinen.

Mein Freund erwiderte: Und morgen wird sie sich auf meinen Arm stützen.

Ich sagte: Sieh, wie sie neben ihm sitzt. Gestern noch saß sie neben mir.

Er erwiderte: Und morgen wird sie an meiner Seite sitzen.

Ich sagte: Schau mal, wie sie den Wein aus seinem Glas trinkt. Gestern noch nippte sie an meinem eigenen Glas.

Er erwiderte: Und morgen wird sie aus meinem Glas trinken.

Ich sagte: Sieh nur, wie sie ihn liebevoll anblickt. Gestern noch blickte sie mich ebenso an.

Mein Freund entgegnete: Und morgen wird sie mir liebevolle Blicke schenken.

Ich sagte: Hör, sie flüstert ihm leidenschaftliche Worte ins Ohr. Gestern noch galten diese Worte mir.

Er entgegnete: Und morgen wird sie mir leidenschaftliche Worte zuflüstern.

Ich sagte: Schau nur, wie sie ihn in die Arme schließt. Gestern noch lag ich in ihren Armen.

Er entgegnete: Und morgen wird sie mich umarmen.

Ich sagte: Was für eine sonderbare Frau!

Mein Freund erwiderte: Sie ist wie das Leben, das alle Menschen besitzen, wie der Tod, der alle Menschen besiegt, und wie die Ewigkeit, die alle Menschen vereint.

Die Vollkommenheit

Du willst wissen, Bruder, wann der Mensch vollkommen ist. Hör auf meine Antwort!
Der Mensch nähert sich der Vollkommenheit,
wenn er sich als der unbegrenzte Weltraum begreift
und das grenzenlose Meer, als ein Feuer, das unauf-
hörlich brennt, und ein Licht, das immer leuchtet.
Wenn er sich fühlt wie der Wind, ob er weht oder
nicht, wie die Wolken, wenn es blitzt, donnert und
regnet, wie die Bäche, mögen sie singen oder seufzen, wie die Bäume, wenn sie im Frühling in Blüte
stehen oder sich im Herbst entblättern, wie die
himmelragenden Berge und die tiefen Täler und
wie die Äcker, ob sie fruchtbar sind oder brachlie-
gen.
Wenn ein Mensch all dies zu empfinden imstande
ist, ist er auf halbem Weg zur Vollkommenheit.
Will er aber zum Ziel der Vollkommenheit gelangen, so muß er sich gleich einem Kind fühlen, das
auf seine Mutter angewiesen ist, gleich einem
Greis, der für seine Familie die Verantwortung
trägt, gleich einem Jugendlichen, der zwischen seinem Streben und seinen Leidenschaften schwankt,
und gleich einem Erwachsenen, der mit seiner Vergangenheit und seiner Zukunft ringt. Er muß einem Betenden gleichen in seiner Einsiedelei, einem
Verbrecher in seiner Zelle, einem Gelehrten zwischen seinen Büchern und Papieren, einem Unwis-
senden zwischen der Finsternis seiner Nächte und

dem Dunkel seiner Tage, einer Nonne muß er gleichen zwischen den Blüten ihres Glaubens und den Dornen ihrer Einsamkeit, einer Dirne zwischen ihrer Schwäche und ihrem Begehren, einem Armen in seiner Bitterkeit und Ergebung sowie einem Reichen in seinen Wünschen und seinem Gehorsam und schließlich dem Dichter zwischen dem Nebel seiner Abende und den Strahlen seiner Morgenröte.

Wenn ein Mensch all diese Seinsweisen nachzuempfinden vermag, erreicht er die Vollkommenheit und wird ein Schatten vom Schatten Gottes.

Die Unabhängigkeit und die Feze

Vor geraumer Zeit las ich den Aufsatz eines Gelehrten, in dem dieser gegen den Kapitän und die Mannschaft eines französischen Schiffes, das ihn von Syrien nach Ägypten gebracht hatte, Einspruch erhebt, und zwar weil man ihn gezwungen oder zumindest zu zwingen versucht hatte, seinen Fez[1] bei Tisch abzunehmen – es ist bekannt, daß es eine westliche Gewohnheit ist, seinen Hut unter einem Dach abzunehmen.

Dieser Protest gefiel mir einerseits, denn er veranschaulichte das beharrliche Festhalten des Orientalen an den Symbolen seines Privatlebens. Ich bewunderte den Mut dieses Syrers ebenso, wie ich einmal einen indischen Prinzen bewunderte, den ich zu einer Oper in Mailand eingeladen hatte, und der mir entgegnete: Wenn du mich zu einem Besuch in Dantes Hölle eingeladen hättest, wäre ich dir mit Freuden gefolgt. Doch ich kann leider nicht auf einem Platz sitzen, wo es mir weder gestattet ist, meinen Turban zu tragen noch Zigaretten zu rauchen.

In der Tat gefällt es mir, einem Orientalen zu begegnen, der auf seinen Traditionen beharrt und danach trachtet, wenigstens einen Schatten seiner Gewohnheiten und Bräuche aufrechtzuerhalten.

---

[1] kegelstumpfförmige Kopfbedeckung aus rotem Filz mit schwarzer Quaste

Doch andererseits verkennt meine Bewunderung nicht, welche grobe Anmaßung hinter dem Verhalten steckt, starrköpfig am Wesen, an den Disputen und Prätentionen des Orients festzuhalten.

Wenn jener Gelehrte, der nicht dazu bereit war, seinen Fez auf dem französischen Schiff abzunehmen, daran gedacht hätte, daß dieser treffliche Fez von einer französischen Firma hergestellt wurde, wäre es ihm vielleicht etwas leichter gefallen, ihn überall und insbesondere auf diesem französischen Schiff abzunehmen.

Und wenn unser Gelehrter bedacht hätte, daß die persönliche Unabhängigkeit in den alltäglichen Dingen der künstlerischen und technischen Unabhängigkeit unterlegen ist und stets unterliegen wird, hätte er seinen Fez sicher stillschweigend abgenommen.

Wäre er sich dessen bewußt geworden, daß eine Nation, deren Geist und Verstand versklavt sind, nicht frei sein kann, was ihre Kleidung, ihre Sitten und Gewohnheiten angeht, so hätte er diesen Protest nicht verfaßt.

Wenn unser Gelehrter sich schließlich erinnert hätte, daß sein syrischer Großvater an Bord eines syrischen Schiffes nach Ägypten reiste und ein Gewand trug, das in seinem Land angefertigt worden war, dann hätte er auch ein syrisches Schiff genommen, dessen Kapitän Syrer ist.

Das Dilemma unseres mutigen Gelehrten ist, daß er seinen Einspruch gegen Resultate erhob, deren Ursachen und Gründe er nicht berücksichtigt hatte, und daß er sich von äußeren Erscheinungen beeindrucken ließ, statt das Wesentliche ins Auge zu fassen.

Und das ist ein Wesenszug der meisten Orientalen. Sie weigern sich, Orientalen zu sein – außer in den nebensächlichen, unwesentlichen und alltäglichen Dingen, und sie sind stolz auf das, was sie vom Westen übernommen haben, obgleich es sich dabei um Banalitäten und Nebensächlichkeiten handelt.

Ich sage unserem Gelehrten und allen, die einen Fez tragen: Fertigt eure Feze mit euren eigenen Händen an, und dann bestimmt, was ihr mit ihnen machen wollt – an Bord eines Schiffes, auf dem Gipfel eines Berges oder in einer Talschlucht.

Der Himmel weiß, daß diese Worte nicht im Hinblick auf einen Fez geschrieben wurden, und nicht um die Frage zu erörtern, ob man einen Fez anbehalten oder abnehmen sollte unter den Dächern oder unter der Milchstraße.

Der Himmel weiß, daß diese Worte ein viel weitreichenderes Ziel anstreben als einen Fez, der sich auf jedem Kopf befindet und auf jeder zitternden Leiche.

O Erde

Wie schön und prachtvoll bist du, o Erde!
Wie vollkommen und edel ist deine Hingabe an das
Licht, ist deine Unterwerfung unter die Sonne!
Wie erlesen ist dein Kleid aus Schatten und wie
zart dein Schleier aus Finsternis!
Wie lieblich sind die Lieder deiner Morgenröte und
wie erschreckend die Rufe deiner Nächte!
Wie vollkommen und erhaben bist du, o Erde!

Ich lief durch deine Ebenen und stieg auf deine
Berge, ich durchwanderte deine Täler, kletterte auf
deine Felsen und betrat deine Höhlen und Grotten.
Ich erfuhr deine Träume in der Ebene, deinen hohen Sinn auf den Bergen, deine Ruhe in den Tälern, deine Entschlossenheit auf den Felsen und deine Verschwiegenheit in den Grotten und Höhlen.
Du bist heiter in deiner Macht, erhaben in deinen
Tiefen und ohne Überhebung in deinen Höhen.
Du bist sanft in deiner Entschlossenheit und offen
in deiner Verschwiegenheit.

Ich fuhr auf deinen Meeren und überquerte deine
Flüsse, ich folgte den Flußläufen und lauschte der
Ewigkeit in den Gezeiten. Zwischen deinen Hügeln und Bergketten hörte ich die Lieder vergangener Epochen, und in deinen Schluchten und an
deinen Abhängen hörte ich dich vertrauliche
Zwiesprache mit dem Leben halten.

Du bist die Sprache der Unendlichkeit und ihre Lippen; du verkörperst die Saiten der Ewigkeit und ihre Finger, die Gedanken des Lebens und ihre Verkündigung.

Dein Frühling weckte mich und lockte mich in deine Wälder, wo deine Seufzer wie Weihrauch aufsteigen. Deine Sommer luden mich ein, in deinen Feldern zu rasten, wo du unter Mühen einen Segen von Früchten hervorbringst. Dein Herbst trieb mich in deine Weinberge, wo dein Blut als Wein fließt. Und deine Winter ließen mich auf deinem Lager ruhen, das der Schnee blütenweiß bezogen hat.

Und du bist der Duft ihres Frühlings, die Freigebigkeit ihres Sommers, der Überfluß ihres Herbstes und die Reinheit ihres Winters.

In einer klaren Nacht öffnete ich die Fenster und Tore meiner Seele und trat hinaus, reich an Wünschen und gefesselt durch die Bande meiner Eigenliebe. Ich sah dich, Erde, die Sterne beobachten, die dich anlächelten. Da wurde ich frei von meinen Fesseln und Lasten und mir wurde bewußt, daß dein Kosmos der Zufluchtsort für unsere Seele ist. Die Wünsche unserer Seele sind deine Wünsche, ihr Friede ist dein Friede und ihr Glück ist der goldene Staub, den die Sterne auf dich hinabstreuen.

Und ein anderes Mal trat ich zu dir hinaus in einer bewölkten Nacht, als ich unter meiner Nachlässigkeit und Erstarrung litt. Ich fand dich furchtbar und gewaltig. Bewaffnet mit dem Sturm bekämpftest du deine Vergangenheit durch deine Gegenwart. Du vernichtetest und vertriebst das Vertrocknete und

Verwelkte in dir, damit es dem Neuen Platz mache und das Schwache und Veraltete durch Stärke ersetze.

Da erkannte ich, daß die Gesetze der Menschen deinen Gesetzen folgen: ihr Rhythmus ist dein Rhythmus, ihre Lebensregeln sind deine Lebensregeln. Derjenige, dessen Stürme die vertrockneten und abgestorbenen Zweige nicht knicken, wird an Langeweile und Überdruß sterben, und derjenige, dessen Revolte und Auflehnung die Fülle seiner welken Blätter nicht vertreibt, wird an Trägheit und Überfluß ersticken. Und wer nicht in Vergessen einhüllt, was von seiner Vergangenheit leblos und unbrauchbar geworden ist, wird die Früchte seiner Vergangenheit unter ein Leichentuch begraben.

Wie freigebig bist du, o Erde, und wie groß ist deine Geduld!
Wie stark ist dein Mitleid mit deinen Söhnen, die ihre Wahrheit gegen Wahn eintauschten und die verloren sind zwischen dem, was sie erreichten und was sie verfehlten.
Wir lärmen und du lächelst.
Wir verlassen dich und du verzeihst.
Wir fluchen und du segnest.
Wir entheiligen und du heiligst.
Wir schlafen, ohne zu träumen, und du träumst noch im Wachen. Wir verletzen deine Brust mit Schwertern und Pfeilen, und du bedeckst unsere Wunden mit Öl und Balsam. Wir säen Knochen, Hände und Schädel, und du läßt daraus Pappeln und Weiden wachsen.

Wir geben dir unsere menschlichen Überreste in Verwahr, und du füllst unsere Tennen mit Korn und unsere Kelter mit Wein.

Wir bedecken dein Antlitz mit Blut, du aber wäschst unsere Gesichter an den Wassern des Paradiesflusses.

Wir fördern deine Bodenschätze und stellen daraus Kanonen und Bomben her, und du nimmst unsere Grundstoffe auf und verwandelst sie in Rosen und Lilien.

Wie überreich sind deine Gaben und Wohltaten, o Erde, und wie unübertrefflich ist deine Güte!

Was bist du, Erde, und wer bist du?

Bist du nicht ein winziges Körnchen aus der Staubwolke, die unter den Füßen Gottes aufwirbelte, als er vom Aufgang des Weltalls bis zum Untergang der Welt schritt, oder bist du vielmehr ein Funke, der vom Herd der Unendlichkeit aufflog?

Bist du der Kern, der ins Feld des Äthers geworfen wurde, damit er die Scholle aufreißt, kraft der Dynamik seines Innern, und die göttliche Pflanze aus dem Äther aufwachse?

Bist du nicht ein Blutstropfen in den Adern des Allmächtigen oder ein Schweißtropfen auf seiner Stirn?

Bist du eine Frucht, die allmählich unter der Sonne reift, eine Frucht am Baum der Erkenntnis, dessen Wurzeln in die Tiefen der Ewigkeit reichen und dessen Äste und Zweige sich in die Höhen der Unendlichkeit ausstrecken?

Oder bist du ein Juwel, das Gott in die Hände einer Göttin legt? Bist du ein Kind an der Brust des Himmels, oder eine alte Frau, die gesättigt ist von der Weisheit der Tage und Nächte, die sie wachend und wartend verbringt?

Was bist du, Erde, und wer bist du?
Du bist ich, Erde. Du bist mein Augenlicht und meine Wahrnehmung. Du bist meine Vernunft, meine Fantasie und meine Träume. Du bist mein Hunger und mein Durst; mein Trank, meine Nahrung und meine Freude! Du bist meine Sorglosigkeit und meine Aufmerksamkeit. Du bist die Schönheit in meinem Auge, die Sehnsucht in meinem Herzen und die Unsterblichkeit in meiner Seele.

Du bist ich, Erde. Und wenn ich nicht wäre, so wärst du auch nicht.

Die größere See

Gestern – wie weit ist das Gestern und wie nah ist es – gingen meine Seele und ich zur See, um dort zu baden und uns vom Staub der Erde zu befreien. Als wir das Ufer erreichten, begannen wir nach einem stillen, verborgenen Platz Ausschau zu halten. Da entdeckten wir einen Mann, der auf einem Felsen saß und in seiner Hand einen Beutel mit Salz hielt, aus dem er eine Handvoll Salz nach der anderen hervorholte und in die See warf.
Meine Seele sagte zu mir: Das ist der Pessimist, der vom Leben nichts anderes sieht als seine Schattenseiten. Es ist nicht ratsam, daß wir uns vor ihm entblößen. Gehen wir weiter! Hier können wir nicht baden.

Wir verließen den Ort und setzten unseren Weg fort, bis wir zu einer Bucht kamen, an der ein Mann stand, der in seiner Hand eine juwelenbesetzte Schatulle hielt. Er entnahm ihr Stücke Zukker und warf sie ins Wasser.
Das ist der Optimist, sagte meine Seele zu mir. Er freut sich sogar über das Freudlose und Unerfreuliche. Hüten wir uns davor, ihm unseren nackten Körper zu zeigen!

Wir gingen weiter und gelangten zu einer Stelle des Strandes, wo ein Mann die toten Fische aufsammelte und sie aus Mitleid mit ihnen wieder ins Meer warf.

Meine Seele sagte: Das ist der Philantrop. Er versucht denjenigen das Leben zurückzugeben, die bereits gestorben und begraben sind. Entfernen wir uns von ihm!

Wir suchten weiter und trafen einen Mann, der seinen Schatten auf dem Sand nachzeichnete; doch die Wellen kamen immer wieder und löschten seine Linien aus. Der Mann jedoch setzte sein Werk unermüdlich fort.
Das ist der Mystiker, sagte meine Seele zu mir. Er schafft sich ein Götzenbild, das er anbetet. Lassen wir ihn in Ruhe und gehen wir weiter!

Wir setzten unseren Weg fort, bis wir in einer stillen Bucht einen Mann erblickten, der die schaumige Gischt vom Wasser abschöpfte und sie in ein Gefäß aus Korallen füllte.
Meine Seele sagte: Das ist der Phantast. Er webt aus den Fäden einer Spinne ein Gewand zum Anziehen. Ich will nicht, daß er uns beim Baden zusieht.

Als wir weitergingen, hörten wir plötzlich eine laute Stimme rufen: Das ist die tiefe See! Das ist die gewaltige See! Wir gingen der Stimme nach und erblickten einen Mann, der mit dem Rücken zur See gewandt dastand. Er hielt eine Muschel an sein Ohr und lauschte versunken ihrem Rauschen.
Komm, laß uns von hier weggehen, sagte meine Seele. Das ist der Realist, der sich von der Gesamtheit abwendet, um sich mit einem Teilausschnitt zu begnügen, den er für das Ganze hält.

Wir setzten unsere Suche fort und gelangten zu einer kleinen Bucht, wo ein Mann seinen Kopf in den Sand vergraben hatte.

Ich sagte zu meiner Seele: Komm, hier können wir baden! Dieser Mann wird unsere Blöße nicht sehen.

Doch meine Seele schüttelte heftig den Kopf und entgegnete: Nein, und tausendmal nein! Derjenige, den du hier siehst, ist der Übelste von allen. Er ist ein Puritaner, der seinen Blick vom Trauerspiel des Lebens abwendet und die Freuden und Vergnügen des Lebens vor seiner Seele verbirgt.

Damals erschien große Traurigkeit auf dem Gesicht meiner Seele, und mit einer Stimme voll Bitterkeit sagte sie: Verlassen wir diese Küste! Hier gibt es keinen stillen, heimlichen Platz, wo wir ein Bad nehmen könnten. Ich habe keine Lust, meine goldenen Zöpfe in diesem Wind zu kämmen und meine zarte Brust vor diesem Licht zu entblößen.

Und meine Seele und ich verließen diese große See auf der Suche nach einer größeren See.

In einem historisch nicht erfaßten Jahr

In diesem Augenblick tauchte hinter Weidenbäumen ein junges Mädchen, eine junge Frau auf. Sie hob die Schleppe ihres Gewandes, während sie über das Gras schritt, und blieb neben einem schlafenden Jüngling stehen. Sie legte ihre seidenzarte Hand auf seinen Kopf. Da schaute der Jüngling empor mit dem Blick eines Schläfers, den ein Sonnenstrahl geweckt hatte.

Er sah die Emirstochter neben ihm stehen und fiel auf seine Knie, wie es Moses tat, als er den brennenden Dornbusch erblickte. Doch als er sprechen wollte, vermochte er kein Wort zu sagen; aber seine tränenfeuchten Augen ersetzten die Worte.

Da umarmte ihn das Mädchen und küßte seine Lippen, und von seinen Augen küßte sie die heißen Tränen. Mit einer Stimme, anmutiger als die Klänge einer Flöte, sprach sie: Ich sah dich in meinen Träumen, Geliebter! In meiner Einsamkeit und Zurückgezogenheit sah ich dein Antlitz vor mir. Du bist der Gefährte meiner Seele, den sie vermißt und von dem sie getrennt lebt, seitdem sie zur Ankunft in diese Welt verurteilt wurde. Ich kam insgeheim zu dir, Geliebter, um dich zu treffen, und siehe da, nun bist du in meinen Armen! Sei unbesorgt, Geliebter! Ich habe meinen Vater für immer verlassen, um dir an die entlegensten und entferntesten Enden dieser Welt zu folgen. Ich werde mit dir den Kelch des Lebens und des Todes trinken!

Steh auf, und laß uns von hier aufbrechen, Geliebter, weit weg von den Menschen!
Im Schutz der Finsternis verließen die Liebenden
den Ort, und sie fürchteten weder den Zorn des
Emirs noch die Geister der Nacht.

Ibn Sina und seine Qaside

Von der Dichtung, die uns die Alten überlieferten, gibt es keine Qaside[1], die meiner persönlichen Überzeugung näherkommt und mit meinen geistigen Neigungen mehr übereinstimmt, als die Qaside des Ibn Sina[2] über die Seele.

In diesem erhabenen Gedicht bringt der weise Dichterfürst Gedanken zum Ausdruck, die weiterreichen als das menschliche Denken es je vermochte und tiefer sind als alles, was menschliche Fantasie und Vorstellung je hervorbrachten. Die Fragen, die er darin aufwirft, die Hoffnungen, denen er Ausdruck verleiht, und die Theorien, die er darin entwickelt, können nur aus ständigem Nachdenken und langen Betrachtungen hervorgehen.

So ist es nicht verwunderlich, daß der Dichter dieser Qaside Ibn Sina ist, der als der Genius seiner Zeit gilt. Bemerkenswert aber ist es insofern, als diese Dichtung das Werk eines Menschen ist, der sein Leben lang damit beschäftigt war, die Geheimnisse des Körpers und die Besonderheiten der Materie zu erforschen. So gelangte er nach meinem Dafürhalten durch die Beschäftigung mit dem Stofflichen und Sichtbaren zu den verborgenen Geheimnissen des Lebens. Damit ist diese Qaside ein deutlicher Beweis dafür, daß Wissen das Leben

---

[1] längeres altarabisches Gedicht von festem, dreiteiligem Bau
[2] Avicenna, Ibn Sina, islamischer Philosoph und Arzt

des Geistes ist und daß man über praktische und ex-
perimentelle Erfahrungen stufenweise zu geistigen
Schlußfolgerungen gelangen kann, zu seelischen
Wahrnehmungen und schließlich zu Gott.

Der Kenner wird bei großen westlichen Dichtern
auf Aussagen stoßen, die ihn an diese erhabene Qaside erinnern. In den unsterblichen Dramen Shake-
speares gibt es beispielsweise Zeilen, die sich mit
Ibn Sinas folgenden Worten vergleichen lassen:

> *Widerstrebend kam meine Seele auf diese Erde,*
> *und ebenso verhaßt wird ihr wohl die Trennung von*
> *ihr sein, und sie wird darüber trauern.*

In Shelleys Werken gibt es Anklänge an die folgenden Zeilen:

> *Sie träumte…*
> *da fiel ein Schleier von meinen Augen, und ich schau-*
> *te, was ich mit offenen Augen nie gesehen hätte…*

In Goethes Betrachtungen gibt es analoge Gedanken zu den folgenden des Ibn Sina:

> *Mit jedem Geheimnis kehrt sie wissender*
> *ins Universum zurück,*
> *und dieses Wissen ist unantastbar.*

Und bei Browning finden sich Entsprechungen zu
folgenden Gedanken:

> *Sie leuchtete auf wie ein Blitz und verschwand,*
> *und es schien, als hätte sie nie geleuchtet.*

Obwohl der weise Dichterfürst all diesen zitierten
Dichtern um viele Jahrhunderte vorausging, ver-
faßte er in einer einzigen Qaside, was nach ihm bei

mehreren Dichtern aus verschiedenen Epochen in vereinzelten Bildern auftaucht. Das ist es, was ihn zum Genius seines Jahrhunderts machte – und nicht nur seines Jahrhunderts, sondern auch der nachfolgenden Epochen. Und es macht seine Qaside über die Seele zur höchsten und tiefsten Aussage, die je zu diesem erhabenen Thema geschrieben wurde.

al-Ghazali

Zwischen al-Ghazali und dem heiligen Augustinus besteht eine Seelenverwandtschaft. Beide haben eine ähnliche Weltanschauung, die vom gleichen Prinzip ausgeht, obgleich es bezüglich ihrer Zeit und ihres Milieus wesentliche konfessionelle und gesellschaftliche Unterschiede gibt. Ihr gemeinsamer Grundgedanke ist die Annahme einer Tendenz im Innern der menschlichen Seele, die die Menschen dazu führt, vom Sichtbaren und Äußeren zum Geistigen vorzudringen, zur Philosophie und schließlich zum Göttlichen.

Ghazali zog sich aus der Welt zurück und von allem, was die Welt ihm an Glück, Wohlstand und hoher Stellung beschert hatte. Er verbrachte sein Leben in Zurückgezogenheit und Meditation, wobei er tief eindrang in die Erforschung jener feinen Fäden, die die Enden der Wissenschaft mit den Anfängen der Religion verknüpfen. Er war auf der Suche nach dem verborgenen Gefäß, in dem sich die Geisteskräfte des Menschen und seine Erfahrungen mit seinen Neigungen und Träumen vermischen.

Augustinus hat das gleiche fünf Jahrhunderte vorher getan, und wer sein Buch «Bekenntnisse» gelesen hat, weiß, daß er die Erde und alles, was sie hervorbringt, als eine Leiter ansieht, auf der man emporsteigend zur Erkenntnis eines höheren Wesens gelangt.

Meines Erachtens kommt Ghazali dem Wesen und

den Geheimnissen der Dinge näher als der heilige Augustinus. Der Grund mag im Unterschied ihrer Zeitalter liegen sowie im unterschiedlichen Erbe, das sie antraten, das heißt in dem, was Ghazali von den wissenschaftlichen Theorien der Araber und Griechen übernahm, die ihm vorangingen, und dem was Augustinus von der Theologie, die im zweiten und dritten Jahrhundert nach Christus von den Kirchenvätern erarbeitet wurde, an Gedankengut übernahm. Unter diesem Erbe verstehe ich also geistige Dinge, die von Generation zu Generation überliefert werden, ebenso wie bei Völkern oder Volksstämmen bestimmte Eigenschaften und Merkmale von einer Epoche zur anderen übertragen werden.

Ich entdeckte in Ghazali ein Glied der goldenen Kette, die ihn einerseits mit den ihm vorausgehenden Mystikern aus Indien verbindet, und andererseits mit den Deisten, die auf ihn folgten. Bei ihm lassen sich Anklänge an Ideen aus dem alten Buddhismus erkennen, ebenso wie sich gleiche und ähnliche Gedankengänge in den Schriften Spinozas und William Blakes aufzeigen lassen.

Bei westlichen Orientalisten und Gelehrten genießt al-Ghazali ein hohes Ansehen, und sie halten ihn zusammen mit Ibn Sina (Avicenna) und Ibn Ruschd (Averroes) für den wichtigsten Vertreter der orientalischen Philosophie. Die Geisteswissenschaftler unter ihnen erachten darüber hinaus seine Anschauungen als die bemerkenswertesten und tiefsten im Islam. Ich war sehr erstaunt, auf einem Wandgemälde in einer Kirche in Florenz, die aus dem fünfzehnten Jahrhundert stammt, ein Bild von al-Ghazali zu entdecken, der sich inmitten einer Gruppe von Philosophen, Heiligen und Gottesgelehrten befindet, die die Kirche im Mittelalter als die Stützpfeiler und Säulen ihres geistigen Tempels betrachtete.

Noch erstaunlicher ist es, daß die Menschen aus dem Westen mehr über ihn wissen als die Menschen aus dem Osten. Sie erforschen seine Lehren, prüfen sorgfältig seine Theorien und Überlegungen in seinen philosophischen Disputen und in seinen mystischen Betrachtungen. Wir aber (die Menschen des Ostens) lassen uns nicht herab, Arabisch zu sprechen und zu schreiben, und nur selten erinnern wir uns an al-Ghazali oder sprechen über ihn. Wir lassen uns nicht herab, uns mit Muscheln zu beschäftigen, im Glauben, daß die Muscheln alles sind, was das Meer des Lebens an die Küsten unserer Tage und Nächte spült.

Jorji Zaidan

Zaidan ist gestorben, und sein Tod ist ebenso bedeutend wie sein Leben, ebenso beachtenswert wie seine Werke.

Jener große Gedanke hat sich zur Ruhe gelegt, und an seinem Lager herrscht jetzt Stille, die Furcht und Scheu auslöst und Trauerklagen hervorruft.

Jener gute Geist hat sich befreit und ist in eine Welt aufgebrochen, die wir ahnen, aber nicht begreifen. Sein Aufbruch ist eine Mahnung an die Hinterbliebenen, die sich noch in den Fängen der Tage und Nächte aufhalten.

Diese edle Seele hat sich befreit von den Mühen und Beschwerden der Arbeit. Sie ist dahin aufgebrochen — eingehüllt in das Gewand seines Ruhmes —, wo sich das Handeln über die Beschwerden und Mühsale erhebt. Zaidan begab sich dorthin, wo kein Auge ihn sieht und kein Ohr ihn hört. Aber wenn er auch auf einen der im Meer der Unendlichkeit schwebenden Planeten übersiedelte, so ist er jetzt sicher schon wieder damit beschäftigt, sich dem Wohlergehen und Nutzen seiner Bewohner zu widmen, ihre Kenntnisse und Geschichte, deren Größe ihn begeistert zu sammeln, und er wird keine Mühe scheuen, ihre Sprache zu erlernen.

Das ist Zaidan. Sein suchendes und begeisterungsfähiges Denken ruhte nie — außer in der Aktion, sein durstiger Geist schlief nie — außer auf den Schultern der Wachsamkeit, und sein weites Herz war übervoll von Sanftheit und Eifer. Und wenn dieses Denken im Weltgeist weiterlebt, so ist es jetzt wirksam in diesem allgemeinen Geist; und wenn sein Geist sich früher mit Gesetzen beschäftigte, so wirkt er jetzt auf die Gesetze ein; und wenn sein Herz durch seine Gottverbundenheit lebendig blieb, so lodert es jetzt im Feuerbrand Gottes.

Das also ist Zaidans Leben – eine stete Quelle, die aus dem Herzen des Seins hervorströmt und zu einem klaren Fluß wurde, der die an seinen Ufern im Tal wachsenden Pflanzen und Sprößlinge bewässert.

Nun hat dieser Fluß die Meeresküste erreicht. Welcher Tor wagt es, deshalb zu weinen und Trauerreden zu halten? Ist Totenklage und Trauer nicht vielmehr bei denjenigen angebracht, die vor dem Thron des Lebens stehen und dann abberufen werden, bevor sie einen Schweißtropfen ihrer Stirn oder einen Blutstropfen ihrer Herzen in ihre Handflächen vergossen haben?

Hat Zaidan nicht dreißig Jahre damit zugebracht, sein Herz zu verströmen und im Schweiße seines Angesichts zu wirken? Gibt es unter uns jemanden, der nicht von diesem kristallenen Wasser schöpft und seinen Durst daran stillt?

Wer Zaidan ehren möchte, der erstrebe seinen Teil des Wissens und der Erkenntnisse, die Zaidan sammelte und die er als ein Erbe für die arabische Welt hinterließ.

Schenkt nicht einem großen Mann etwas, sondern nehmt von ihm etwas an. Auf diese Weise werdet ihr ihn ehren.

Bringt ihm weder Totenklage noch Trauer dar, sondern bereichert euch an seinen Talenten und Gaben, und auf diese Weise werdet ihr sein Andenken unsterblich machen.

Die Zukunft der arabischen Sprache

1. Welche Zukunft hat die arabische Sprache?

Die Sprache ist eine Form der schöpferischen Kraft
einer ganzen Nation oder eines Volkes. Wenn diese
schöpferische Kraft verkümmert, dann hört die Sprache auf, sich weiterzuentwickeln, und erstarrt. Solche Erstarrung bedeutet Rückschritt, und der Rückschritt hat bekanntlich den Tod und das Vergessen
zur Folge.

Also hängt die Zukunft der arabischen Sprache davon ab, ob das schöpferische Denken in der Gesamtheit der Nationen, die Arabisch sprechen, vorhanden ist oder nicht. Ist es vorhanden, so wird die
Zukunft der arabischen Sprache ebenso bedeutend
sein wie ihre Vergangenheit. Wenn nicht, so wird
ihre Zukunft dem augenblicklichen Stand ihrer
beiden Schwestern gleichen, der syrischen und der
aramäischen Sprache.

Was für eine Kraft ist das, die wir als schöpferische
Kraft bezeichnet haben?

Es ist die Entschlossenheit innerhalb einer Nation,
die sie nach vorne bewegt. Es ist der Hunger, der
Durst und das Verlangen nach dem Unbekannten.
Es ist eine Kette von Träumen in ihrem Geist, die
sie Tag und Nacht zu verwirklichen trachten, ohne
daß das Leben ein neues Glied am andern Ende der
Kette hinzufügt.

Diese Kraft ist im einzelnen Menschen die Begabung

und in der Gemeinschaft die Begeisterung und der Eifer. Die Begabung des einzelnen ist nichts anderes als die Fähigkeit, das verborgene Streben einer Gruppe in sichtbare und fühlbare Formen umzusetzen. In der *Gahiliya*[1] befand sich der Dichter in der Vorbereitungsphase, weil auch die Araber insgesamt im Aufbruch waren. In der Zeit der *Muchadramun*[2] waren die Dichter bedeutend und zahlreich, denn auch das Arabertum befand sich in Wachstum und Ausbreitung. Und während der Zeit der *Muwaladun*[3] verzweigte sich die Dichtung in verschiedene Disziplinen, weil sich das islamische Reich in einer Phase der Zersplitterung und Aufteilung befand. Der Dichter begann sich zu entfalten, zu verbessern und Profil anzunehmen. Er zeigte sich bald als Philosoph, bald als Mediziner und bald als Astrologe, bis daß der Schlummer die schöpferische Kraft der arabischen Sprache überfiel, so daß sie einschlief. Da wurden die Dichter zu Reimschmieden, die Philosophen zu Dogmatikern, die Mediziner zu Scharlatanen und die Astronomen zu Wahrsagern.

Wenn es zutrifft, was wir einleitend sagten, so hängt die Zukunft der arabischen Sprache von der schöpferischen Kraft jener Nationen ab, die sie sprechen. Wenn diese Nationen die gleichen Voraussetzungen oder eine innere Einheit haben und wenn die schöpferische Kraft in diesen Nationen aus ihrem langen Schlaf erwacht, dann wird die Zukunft der arabischen Sprache ebenso groß sein

[1] die vorislamische Zeit
[2] teils vorislamische, teils islamische Zeit (auch Zeitgenossen Muhammads)
[3] nachklassische islamische Zeit

wie ihre Vergangenheit. Wenn nicht, dann wird das Gegenteil der Fall sein.

2. *Welchen Einfluß wird wohl die europäische Zivilisation und das westliche Denken auf die arabische Sprache ausüben?*

Der Einfluß ist mit einer Art von Nahrung zu vergleichen, die die Sprache von außen aufnimmt: sie zerkaut sie, schluckt sie und setzt das Brauchbare davon um in ihre eigene lebendige Natur, ebenso wie ein Baum das Licht, die Luft und die Bestandteile der Erde in Zweige, Blätter, Blüten und Früchte umwandelt. Wenn aber die Sprache weder Backenzähne besitzt, um die Nahrung zu zerkauen, noch einen Magen, um sie zu verdauen, dann ist die Nahrung unnötig, ja, sie bedeutet dann sogar ein tödliches Gift. Wie viele Bäume überlisten das Leben, während sie im Schatten stehen; verpflanzt man sie aber ins Sonnenlicht, dann verwelken sie und gehen ein. Und ebenso ist geschrieben: Wer hat, dem wird dazugegeben, und wer nicht hat, dem wird noch genommen werden, was er hat.
Der westliche Geist bedeutet eine der menschlichen Rollen und ein Kapitel in seinem Leben. Und das menschliche Leben ist wie ein gewaltiger Zug, der voranschreitet. Aus dem goldenen Staub, der von beiden Seiten des Weges aufsteigt, sind die Sprachen, die Regierungen und die Konfessionen gebildet. Die Nationen, die an der Spitze des Zuges schreiten, sind schöpferische und erfinderische Na-

tionen; sie üben somit einen Einfluß auf die anderen aus. Die Nationen dagegen, die sich am Ende des Zuges befinden, sind Nachahmer, die sich beeinflussen lassen. Als sich die Orientalen an der Spitze dieses Zuges befanden und die Menschen aus dem Okzident nachfolgten, hatte unsere Zivilisation einen bedeutenden Einfluß auf ihre Sprache. Doch jetzt sind sie es, die an der Spitze des Zuges ziehen, und wir sind diejenigen, die folgen. So übt ihre Zivilisation einen großen Einfluß aus auf unsere Sprache, unser Denken und unseren Charakter. Als die Menschen aus dem Okzident in der Vergangenheit die Speisen aufnahmen, die wir gekocht hatten, sie kauten, schluckten und verdauten, da haben sie das Brauchbare davon ihrem westlichen Wesen assimiliert. Heutzutage nähren sich die Orientalen von dem, was an westlichen Herden gekocht wird. Sie kauen und schlucken es, doch sie assimilieren es nicht ihrem orientalischen Wesen, sondern sie verwandeln sich in Pseudo-Okzidentale, und das ist ein Zustand, den ich fürchte und der mich erschreckt, denn so erscheint mir der Orient bald wie ein zahnloser Greis, bald wie ein Säugling, der noch keine Zähne hat.

Der Geist des Westens ist für uns Freund und Feind zugleich. Er ist ein Freund, wenn wir ihn beherrschen, und ein Feind, wenn er uns beherrscht. Er ist ein Freund, wenn wir ihm unsere Herzen öffnen, und ein Feind, wenn wir ihm unsere Herzen geben. Er ist ein Freund, wenn wir von ihm annehmen, was uns nützt, und ein Feind, wenn wir uns danach richten, was ihm nützt.

3. Welchen Einfluß wird die heutige politische Entwicklung auf die arabische Welt haben?

Die Schriftsteller und Gelehrten im Westen wie im Osten sind sich darin einig, daß sich die arabische Welt in einer Situation politischer, administrativer und seelischer Verwirrung befindet. Die meisten von ihnen stimmen auch darin überein, daß die Verwirrung eine Ursache der Zerstörung und Vernichtung ist. Doch ich frage mich, ob es sich um Verwirrung oder Überdruß handelt.

Ist es Erschlaffung, so bedeutet es das Ende einer Nation und die Besiegelung eines jeden Volkes. Der Überdruß bedeutet ein Hinscheiden in der Form des Einschlafens und den Tod in der Form des Schlafes. Doch wenn es sich tatsächlich um eine Verwirrung handelt, so wäre sie meiner Ansicht nach nützlich, weil sie zeigt, was im Geist einer Nation verborgen ist, weil ihr Rausch einem Zustand der Klarheit und Heiterkeit Platz machen und weil sich ihre Bewußtlosigkeit in Wachsamkeit wandeln wird. Sie wird einem Sturm gleichen, der die Bäume durch seine Kraft erschüttert, doch nicht, um sie zu entwurzeln, sondern um die welken Zweige und das trockene Laub abzuschütteln. Und wenn diese Verwirrung in einer Nation erscheint, die noch in einem gewissen ursprünglichen Zustand verharrt, so ist sie ein gutes Zeichen für die Existenz schöpferischer Kräfte in seinen Individuen und der Bereitschaft in ihrer Gesamtheit. Der Dunst ist das erste Wort, und der Dunst ist nichts anderes als das verworrene, ungestaltete Leben.

Der Einfluß der politischen Entwicklung wird also

die Verwirrung in der arabischen Welt in Ordnung umwandeln, sowei die Dunkelheit und Unklarheit in Klarheit und Transparenz. Nie und niemals aber kann sie den Überdruß in Leidenschaft wandeln oder die Müdigkeit gar in Begeisterung. Ein Töpfer kann aus Ton einen Krug für Wein oder Essig machen, aber aus Sand oder Kieselsteinen allein kann er nichts schaffen.

4. *Wird die arabische Sprache in den Hochschulen und anderen Schulen verbreitet und werden alle Fächer in dieser Sprache gelehrt?*

Die arabische Sprache wird in den Hochschulen und Schulen nicht verbreitet, solange diese Schulen keinen rein nationalen Charakter haben. Und alle Fächer werden solange nicht in dieser Sprache gelehrt, bis diese Schulen aus den Händen von Wohlfahrtsverbänden, konfessionellen Gemeinschaften und missionarisch motivierten Verbänden in die Hände der einheimischen staatlichen Verantwortung übergehen. In Syrien beispielsweise stellt die Ausbildung eine Art Almosen des Westens dar. Wir schluckten und wir schlucken immer noch das Brot des Almosens, weil wir sonst verhungert wären. Dieses Brot hat uns das Leben gerettet. Doch nachdem wir das Leben zurückerhalten hatten, hat es uns getötet. Es hat uns belebt, weil es unsere Sinne und unseren Verstand weckte. Aber es hat uns anschließend getötet, weil es unsere Worte zerstreute, unsere Einheit schwächte und unsere Beziehungen und Bande zerschnitt. Es hat unsere Religionsgemeinschaften und

Volksgruppen einander entfremdet, bis das Land eine Ansammlung kleiner Kolonien wurde mit unterschiedlichem Geschmack und entgegengesetzten Tendenzen. Und jede dieser kleinen Kolonien hängt von einer der westlichen Nationen ab, hißt ihre Fahne, preist ihre Vorzüge und erweist ihr die Ehre. Der junge Mensch, der einen Happen Ausbildung an einer amerikanischen Schule erhalten hat, wird zu einem Vertreter amerikanischer Zivilisation; ein anderer, der einen Schluck Ausbildung an einer Jesuitenschule erhielt, wird zu einem französischen Botschafter; und wieder ein anderer, der ein Hemd trägt, das in Rußland verfertigt wurde, wird zu einem Vertreter Rußlands ... bis zum Ende dieser Art Schulen und ihrer Ausbildung zu Vertretern, Beauftragten und Botschaftern anderer Länder. Der beste Beweis für das Gesagte ist der Meinungsunterschied und die Gegensätzlichkeit der Tendenzen, die man heute bezüglich der politischen Zukunft Syriens feststellen kann. Diejenigen, die ihre Ausbildung in englischer Sprache erhielten, würden Amerika oder England gerne als Schutzmacht in ihrem Land sehen. Diejenigen, die weder in der einen noch in der anderen Sprache studiert haben, wollen weder das eine noch das andere, und sie folgen einer Politik, die ihrem Verständnis der Dinge entspricht.

Unsere politischen Tendenzen gegenüber den Nationen, auf deren Kosten wir unsere Ausbildung erhielten, ist ein Zeugnis für das Gefühl der Dankbarkeit der Orientalen. Doch was für ein Gefühl ist das, das auf der einen Seite einen Stein aufrichtet und gleichzeitig auf der anderen Seite eine ganze Mauer abbaut. Und welches Gefühl ist das, das eine

Blume erblühen läßt, und dabei einen Wald entwurzelt, das uns einen Tag leben läßt, um uns dann ein Jahrhundert sterben zu lassen?

Die wirklichen Wohltäter und wahren Freigebigen im Westen haben nicht Gräten und Dornen ins Brot gemischt, das sie uns geschickt haben. Sie haben versucht, uns zu helfen, ohne uns Schaden zuzufügen. Woher kommen aber die Dornen und die Gräten? Das ist eine Frage, die ich bei anderer Gelegenheit erörtern werde.

Es wird eine Zeit kommen, in der die arabische Sprache in den Hochschulen und anderen Schulen verbreitet wird und in der alle Fächer in arabischer Sprache gelehrt werden. Dann werden unsere politischen Tendenzen geeint werden, und unser nationales Ziel wird sich deutlich herauskristallisieren, weil bereits in der Schule die verschiedenen Strömungen geeint und das Ziel aufgezeigt wurden. Dies wird sich aber nicht verwirklichen lassen, solange wir nicht die Möglichkeit haben, unsere heranwachsende Jugend auf Kosten des Staates auszubilden. Dieses Ziel wird nicht eher erreicht werden, bis sich jeder von uns als Sohn einer Heimat fühlt, statt zwei verschiedene Heimaten zu besitzen, eine für den Körper und eine für den Geist. Wir werden das Ziel nicht eher erreichen, bis wir das Brot des Almosens eintauschen gegen ein Brot, das in unseren eigenen Häusern gebacken wird, denn der bedürftige Bettler kann dem freigebigen Spender keine Bedingungen stellen. Wer Almosen empfängt, kann sich demjenigen nicht widersetzen, der es ihm spendet. Wer empfängt, ist immer unfrei; wer aber gibt, ist frei.

5. *Wird die klassische arabische Sprache die verschiedenen Volksdialekte überwinden und sie einen?*

Die volkstümlichen Dialektformen ändern sich ständig, sie entwickeln und erneuern sich, und was ihnen rauh ist, wird geschliffen. Aber sie werden nie und niemals überwunden werden, und sie dürfen auch nicht überwunden werden, weil sie der Ursprung dessen sind, was wir als klassisch bezeichnen, und die Quelle dessen, was wir als wirkungsvolle Rhetorik ansehen.

Die Sprachen folgen dem Beispiel aller anderen Dinge, nämlich dem Gesetz, daß das Angemessene das Bleibende ist. In den Volksdialekten ist der größte Teil angemessen und wird überdauern, denn er steht dem Denken der Nation und seinem Streben näher. Ich habe gesagt, daß sie überdauern werden, und damit meine ich, daß sie sich dem Sprachkörper eingliedern und ein Teil des Ganzen werden.

Jede Sprache des Westens hat mehrere volkstümliche Dialekte. Diese Dialekte haben literarische und künstlerische Ausdrucksformen gefunden, die nichts zu wünschen übrig lassen, was ihre Schönheit, ihre Eleganz und ihre Originalität betrifft. Es gibt in Europa und Amerika begabte Dichter, denen es gelungen ist, in ihrer Dichtung eine glückliche und höchst wirksame Verbindung zwischen Dialekt und Hochsprache herzustellen. Meiner Meinung nach gibt es in den verschiedenen volkstümlichen Dichtformen wie mawwal[1], zagal[2] und anderen sehr originellen Anspielungen, geistvolle Metaphern und elegante Ausdrücke, die – wenn wir sie mit Gedichten in der Hochsprache vergleichen, welche unsere Zeitungen und Zeitschriften füllen – sich wie ein Strauß duftender Blumen ausnehmen neben einem Bündel Holz oder wie eine Gruppe tanzender und singender junger Mädchen neben einer Ansammlung einbalsamierter Leichen. Die moderne italienische Sprache war im Mittelalter ein Volksdialekt, und die Gebildeten bezeichneten sie als barbarische Mundart. Doch als Dante, Petrarka, Camunis und Franz von Assisi ihre unsterblichen Werke in dieser barbarischen Mundart niederschrieben, wurden diese Dialekte zur klassischen Sprache Italiens; und die lateinische Sprache wurde zu einem Skelett, das sich nur noch im Sarg, auf den Schultern von Reaktionären, vorwärtsbewegen kann.

Die Volksdialekte Ägyptens, Syriens und des Irak sind nicht weiter von der Sprache Muarris und Mutanabbis entfernt als die barbarische Mundart von der Sprache Ovids und Vergils. Wenn im Nahen Osten eine bedeutende Persönlichkeit erschiene und ein wichtiges Buch in einem dieser Dialekte schriebe, so würde dieser Dialekt zur klassischen Sprache werden. Doch ich befürchte, daß dies in der arabischen Welt nicht so schnell geschieht, weil die Orientalen mehr zur Vergangenheit tendieren als zur Gegenwart und zur Zukunft. Sie sind kon-

---

[1] volkstümliche Liedform im Metrum Basit
[2] volksliedhaftes arabisches Strophengedicht

servativ, ob sie es zugeben oder nicht. Und wenn einer unter ihnen begabt ist und seine Begabung zum Ausdruck bringen will, so muß er den ausgetretenen rhetorischen Pfaden folgen, auf denen die Alten gegangen sind. Doch die Wege der Alten sind nichts anderes als der kürzeste Weg zwischen der Wiege des Denkens und seinem Grab.

6. Welche sind die besten Maßnahmen, die arabische Sprache lebendig zu erhalten?

Die besten Maßnahmen, ja sogar das einzige Mittel, die Sprache lebendig zu erhalten, befindet sich im Herzen des Dichters, auf seinen Lippen und in seiner Hand. Der Dichter ist der Vermittler zwischen der schöpferischen Kraft und den Menschen. Er ist der Faden, der die Verbindung herstellt zwischen dem, was sich im Reich der Seele und der Welt der Forschung ereignet. Er überträgt in die Welt des Bewahrens und Registrierens, was in der Werkstatt des Denkens geboren wird.
Der Dichter ist zugleich Vater und Mutter der Sprache. Sie folgt ihm, wohin er geht, und sie lagert, wo er anhält. Wenn er stirbt, sitzt sie weinend und klagend an seinem Grab, bis ein anderer Dichter vorbeikommt und sie an die Hand nimmt.
Wenn der Dichter Vater und Mutter der Sprache ist, so ist der Imitator der Weber ihres Leichentuchs und ihr Totengräber.
Ich bezeichne als Dichter jeden Erfinder, ob er groß ist oder klein; jeden Entdecker, ob er stark ist oder schwach; jeden schöpferischen Menschen, ob

er anerkannt oder geringgeschätzt wird; jeden, der das Leben liebt, ob er ein Imam oder ein Taugenichts ist; und jeden, der den Tagen und Nächten mit Ehrfurcht begegnet, ob er ein Philosoph ist oder ein Wächter in den Weingärten.

Doch der Nachahmer ist derjenige, der weder etwas erfunden, noch etwas entdeckt hat. Vielmehr entlehnt er sein geistiges und geistliches Leben von seinen Zeitgenossen, und er verfertigt sich ein geistiges Kleid aus den Flicken der Kleidung seiner Vorgänger.

Ich bezeichne als Dichter jenen Bauer, der sein Feld mit einem Pflug umpflügt, der auch nur ein wenig besser ist als der Pflug, den er von seinem Vater geerbt hat – und nach ihm kommt jemand, der dem neuen Pflug einen neuen Namen gibt; oder jenen Gärtner, der aus einer gelben und einer roten Blume eine orangefarbene Blume züchtet, und nach ihm kommt jemand, der der neuen Blume einen neuen Namen gibt; oder jenen Weber, der an seinem Webstuhl einen Stoff mit Bildern und Mustern webt, der sich von den Stoffen anderer Weber unterscheidet, und nach ihm kommt jemand und nennt seine Stoffe mit neuen Namen.

Ich bezeichne als Dichter jenen Seemann, der auf seinem Schiff, das zwei Segel hat, ein drittes Segel hißt; jenen Maurer, der ein Haus mit zwei Türen und zwei Fenstern baut inmitten von Häusern, die nur eine Tür und ein Fenster besitzen; und jenen Färber, der Farben zusammenstellt, die vor ihm noch nie jemand gemischt hat, so daß eine neue Farbe entsteht. Nach dem Seemann, dem Maurer und dem Färber wird jemand kommen, der die Ergebnisse ihrer schöpferischen Arbeit mit neuen Namen benennt, und so fügt er dem Schiff der Sprache ein neues Segel hinzu, dem Haus der Sprache ein neues Fenster und dem Gewand der Sprache eine neue Farbe.

Der Nachahmer jedoch ist derjenige, der zwischen einem Ort und einem anderen dem Weg folgt, auf dem schon Tausende von Karawanen gezogen sind. Und aus Angst sich zu verirren, weicht er keinen Schritt von diesem ab. Er ist derjenige, der in der Art, sein Leben, seine Nahrung und seine Kleidung zu verdienen, den ausgetretenen Pfaden folgt, auf denen Tausende und aber Tausende von Jahrhunderten vorbeigezogen sind. Sein Leben ist wie ein Echo und sein Sein wie ein schwacher Schatten einer entfernten Wirklichkeit, von der er nichts weiß und auch nichts wissen will.

Ich bezeichne als Dichter jenen Frommen, der in den Tempel seiner Seele eintritt und sich niederkniet, bald weinend und bald frohlockend, bald klagend und bald glücklich, zuhörend oder anrufend und fürbittend, und der diesen Tempel verläßt, während sich auf seinen Lippen bereits neue Wörter, Verben, Buchstaben und Ableitungen zu einem Gebet formen, das sich täglich erneuert, ebenso wie er jede Nacht seiner Sehnsucht neuen Ausdruck verleiht, und so fügt er der Gitarre der Sprache eine neue goldene Saite hinzu und legt ein duftendes Scheit Holz in ihren Ofen.

Der Nachahmer aber ist derjenige, der das Gebet des Betenden und die Fürbitte der Fürbittenden ohne Willen und Gefühl wiederholt, und so beläßt er die Sprache da, wo er sie angefunden hat, und

die persönliche Redekunst da, wo es weder Redekunst noch Persönlichkeit gibt.

Als Dichter bezeichne ich denjenigen, der sich zurückzieht, wenn er eine Frau liebt, der sich vom
breiten ausgetretenen Weg der Menschen abson-
dert, um ihre Träume mit der Pracht des Tages zu
bekleiden, mit der Furcht der Nacht, dem Klagen
der Stürme und dem Schweigen der Täler. Dann
flechtet sie aus ihren Erfahrungen eine Krone für
das Haupt der Sprache, und aus ihrem Glück reiht
sie Perlen auf zu einer Kette für den Hals der Sprache.

Der Nachahmer dagegen ist ein Imitator bis hinein
in seine Liebe, seine Liebesgedichte und seine Vergleiche: wenn er beispielsweise das Gesicht und
den Hals seiner Geliebten beschreibt, spricht er
vom Vollmond und der Gazelle; ihre Haare, ihre
Gestalt und ihre Blicke vergleicht er mit der Nacht,
mit Weidenzweigen und Pfeilen; wenn er klagt,
spricht er vom Augenlid, das keine Ruhe findet,
von der Ferne der Morgenröte und vom nahenden
gestrengen Tadler. Wenn er ein rhetorisches Wunder vollbringen will, wird er sich etwa so ausdrük-
ken: «Meine Geliebte regnet Perlen von Tränen aus
den Narzissen ihrer Augen, um die Rosen ihrer
Wangen zu betauen, und mit der Kälte ihrer Zähne
beißt sie in ihre weintraubengleichen Fingerspit-
zen.» Unser Freund, der Papagei, singt dieses alte
Lied, ohne zu wissen, daß er mit seiner Dummheit
den Sprachinhalt vergiftet und durch seine Abge-
schmacktheit den Wert und die Würde der Sprache
abnutzt.

Ich sprach bisher von dem Erfinder und seinem

Nutzen für die Menschen und die Sprache sowie von dem Nachahmer und seinem Schaden für sie. Und ich habe diejenigen noch nicht erwähnt, die ihr ganzes Leben damit zubringen, vielbändige Wörterbücher und Lexika zusammenzustellen oder Sprachlehrbücher zu verfassen. Ich habe diese Autoren bisher mit keinem Wort erwähnt, weil sie meiner Meinung nach dem Ufer bei Flut und Ebbe gleichen. Ihre Aufgabe besteht lediglich im Sieben der Sprache – zwar ist das Sieben eine wichtige Funktion, aber was können die Siebenden sieben, wenn die schöpferische Kraft in einer Nation versiegt ist, wenn diese Nation nicht imstande ist, etwas anderes zu säen als Unkraut, etwas anderes zu ernten als dürre Halme und etwas anderes auf ihren Tennen zu speichern als Dornen und Kletten?

Ich wiederhole, daß das Leben der Sprache und alles, was mit ihr zusammenhängt, von der schöpferischen Kraft und Fantasie des Dichters abhängt.

Haben wir solche Dichter?

Ja, wir haben solche Dichter. Jeder Orientale kann ein Dichter sein in seinem Garten, auf seinem Feld, an seinem Webstuhl, in seinem Tempel, auf seiner Kanzel und in seiner Bibliothek. Jeder Orientale kann sich aus der Gefangenschaft der Imitation und Tradition befreien. Dann tritt er hinaus ans Licht der Sonne und reiht sich ein in den Reigen des Lebens. Jeder Orientale kann sich der schöpferischen Kraft anvertrauen, die in seiner Seele verborgen ist, jener ewigen unendlichen Kraft, die im Stande ist, aus Steinen Kinder Gottes zu machen.

Denjenigen aber, die ihren Talenten Ausdruck verleihen und schreiben wollen, ihnen wünsche ich, daß sie daran gehindert werden mögen, den Spuren der Menschen zu folgen, die ihnen vorangegangen sind. Es ist besser für euch und die arabische Sprache, eine bescheidene Hütte aus eigenen Mitteln zu bauen, als einen Palast zu errichten, in dem alles entliehen und entlehnt ist. Möge euch euer Ehrgefühl verbieten, Dichtung zu Lobreden sowie Trauer- und Glückwunschgedichten herabzuwürdigen und zu degradieren. Es wäre besser für euch und die arabische Sprache, verlassen und verachtet zu sterben, als daß ihr eure Herzen mit dem Weihrauch von Idolen und Statuen verbrennt. Möge euer nationaler Eifer euch dazu veranlassen, das orientalische Leben darzustellen mit allen eigentümlichen Leiden und Freuden, die es enthält. Es wird für die arabische Sprache und für euch besser sein, die einfachen Dinge eurer Umgebung darzustellen und sie in das Gewand eurer Fantasie zu hüllen als das Beste und Schönste ins Arabische zu übertragen, was im Westen geschrieben wurde.

Ibn al-Farid

Omar Ibn al-Farid war ein göttlicher Dichter. Seine unersättliche Seele trank den Wein des Geistes, bis sie trunken war. Dann schwebte er durch die Welt der Ideen und Empfindungen, welche die Träume der Dichter, die Gefühle der Liebenden und die Sehnsüchte der Mystiker birgt. Ernüchtert kommt er zurück in die Welt der sichtbaren Dinge, um das, was er gesehen und gehört hat, in schöner und ergreifender Sprache aufzuzeichnen.

Wenn wir seine Kunst betrachten sowie das darin enthaltene Darstellungsvermögen seelischer Vorgänge, dann erkennen wir ihn als einen Priester im Tempel des absoluten Denkens, einen Prinzen im Königreich der grenzenlosen Fantasie und einen hervorragenden General in der Armee der Mystiker. Diese Armee bewegt sich nur langsam auf das Königreich der Wahrheit zu, doch sie besiegt unterwegs die Banalität und Geistlosigkeit des Lebens, indem ihr Blick stets auf die Größe und Erhabenheit des Lebens gerichtet ist.

Ibn al-Farid lebte in einer Zeit, der es an geistigem Schaffen und geistlichen Werten mangelte, zwischen Menschen, die sich ausschließlich der Imitation und Überlieferung widmeten, die ihre Zeit damit verbrachten aufzuzeigen, was der Islam an literarischen und philosophischen Errungenschaften hinterlassen hat. Doch das Genie – und das Genie ist ein göttliches Wunder – hat den Dichter aus

Hama dazu veranlaßt, sich von seiner Zeit und seinem Milieu abzuwenden und die Einsamkeit zu wählen, um in ihr aufzuschreiben, was ihm als unvergängliche Dichtung erschien, die das, was im Leben erscheint, mit dem, was sich in ihm befindet, verbindet.

Ibn al-Farid wählte seine Themen nicht – wie al-Mutanabi es tat – aus dem alltäglichen Leben. Er beschäftigte sich auch nicht mit den Rätseln und Geheimnissen des Lebens – wie al-Muarri –; vielmehr schloß er seine Augen vor der Welt, um zu sehen, was sich hinter ihr verbirgt, und er schloß seine Ohren vor dem Lärm der Welt, um die Melodien der Unendlichkeit zu hören.

Das ist Ibn al-Farid. Sein lauterer Geist gleicht den Strahlen der Sonne, sein Herz brennt wie ein Feuer und sein klares Denken gleicht einem See im Gebirge. Wenn er auch weniger mutig war als die Gahiliyun[1] und weniger Eleganz besaß als die Muwaladun[2], so enthält seine Dichtung aber, was seine Vorgänger nicht erträumten und seine Nachfolger nie erreichten.

---

[1] die vorislamische Zeit

[2] teils vorislamische, teils islamische Zeit (auch Zeitgenossen Muhammads)

Die neue Zeit

Zur Zeit gibt es im Orient zwei einander bekämp-
fende Denkweisen: das alte Denken und das neue
Denken. Das alte Denken wird überwunden werden, denn seine Kräfte haben sich erschöpft und
sein Lebenswille ist versiegt.
Im Orient macht sich ein Erwachen bemerkbar, das
dem Schlaf zu entrinnen sucht. Der Zustand des
Wachens wird schließlich der Sieger sein, denn die
Sonne ist sein Führer und das Morgenrot ist seine
Armee.
Auf den Feldern des Orients – und gestern noch
war der Orient ein ausgedehnter, weitläufiger
Friedhof – erhebt sich der jugendliche Frühling
und ruft die Bewohner der Gräber auf, zu erwachen und sich in Bewegung zu setzen mit der neuen
Zeit. Sobald der Frühling sein Lied anstimmt, steht
der vom Winter Niedergeschlagene wieder auf,
schlägt sein Leichentuch zurück und geht. Im
Raum des Orients machen sich belebende Erschüt-
terungen bemerkbar, die sich vertiefen, verlängern
und verbreitern, bis sie die aufmerksamen sensiblen
Seelen erreichen und miteinander vereinigen, und
sie umgeben die stolzen empfindsamen Herzen, um
sie zu gewinnen.
Im Orient gibt es zur Zeit zwei Herren: einen
Herrn, der befiehlt und verbietet und dem Gehorsam geleistet wird; doch er ist ein Greis, der im
Sterben liegt; – der andere Herr schweigt wie die

Gesetze und Satzungen; er verhält sich ruhig in der Gewißheit seines gerechten Anspruchs; er ist mächtig und hat starke Arme; er vertraut seiner Kraft und Tüchtigkeit.

Im Orient gibt es heutzutage zwei Kategorien von Menschen: den Menschen von gestern und den Menschen von morgen. Von welchen der beiden bist du, Orient?

Komm näher, damit ich dich aufmerksam betrachte und beobachte und mir aufgrund deiner Gesichtszüge und deiner äußeren Erscheinung ein Bild davon mache, ob du von denjenigen bist, die zum Licht streben, oder von denen, die in die Dunkelheit gehen. Komm, erzähl mir, was und wer du bist.

Bist du ein Politiker, der sich insgeheim sagt: Ich will für mich Nutzen ziehen aus meiner Nation, oder bist du ein stolzer, empfindsamer Mensch, der sich sagt: Ich sehne mich danach, meiner Nation zu nützen.

Wenn du der erste bist, bist du ein Parasit; bist du aber der zweite, so bist du eine Oase in der Wüste.

Bist du ein Kaufmann, dem die Not seiner Mitmenschen als Mittel zur Bereicherung dient und der die Bedürfnisse monopolisiert, damit er für einen Dinar verkaufen kann, was er für einen Dirham erworben hat? Oder bist du ein fleißiger, strebsamer Mensch, der den Warenaustausch zwischen dem Weber und dem Sämann erleichtert, der sich als ein Glied in der Kette versteht zwischen dem Wünschenden und dem Gewünschten und der sich für den Wünschenden und das Gewünschte gleichermaßen nützlich macht?

Wenn du der erste bist, bist du ein Krimineller, ob du im Schloß oder im Gefängnis wohnst; und wenn du der zweite bist, bist du ein Wohltäter, ob die Menschen dir Dankbarkeit erweisen oder nicht.

Bist du ein religiöser Führer, der sich aus der Gutgläubigkeit der Menschen einen Purpurmantel weben und sich aus der Schlichtheit ihrer Seelen eine Krone verfertigen läßt, der vorgibt, den Teufel zu verachten und dennoch von seinen Gütern lebt? Oder bist du ein gottesfürchtiger Mensch, der in der Tugend des einzelnen die Grundlage für den Aufstieg und Fortschritt einer Nation sieht, sowie in der gründlichen Erforschung seiner Seele eine Leiter erblickt, die ihn zum universellen Geist führt?

Wenn du der erste bist, bist du ein Ungläubiger, gleichviel ob du tagsüber fastest und die Nacht hindurch betest. Wenn du aber der zweite bist, so bist du eine Lilie im Paradiesgarten der Gerechtigkeit, ob ihr Duft sich (in den Nasen der Menschen) verliert oder ob er in der Kuppel des Weltraums schwebt, wo der Duft der Blüten aufbewahrt wird.

Bist du ein Journalist, der sein Denken und seine Grundsätze auf dem Sklavenmarkt sammelt, der blüht und gedeiht aufgrund der Auswahl der Nachrichten von Elend und Unglück, dem Geier gleich, der sich nur auf verwesende Kadaver stürzt? Oder bist du ein Lehrer, der am Pult der Zivilisation steht und seine Ermahnungen und Lehren vom Ursprung der Zeit erhält, und der erst, nachdem er selber seine Lehren daraus gezogen hat, sie an die Menschen weitervermittelt.

Wenn du der erste bist, so gleichst du eiternden Geschwüren; bist du aber der zweite, so bist du Balsam und Arznei.

Bist du ein Gouverneur, der sich unterwürfig verhält gegenüber demjenigen, der ihn mit diesem Amt betraute, und diejenigen verachtet, die ihm anvertraut wurden, einer, der keine Handbewegung macht, ohne gleichzeitig dabei seine Taschen zu füllen, und der keinen Schritt tut, ohne daraus einen Vorteil zu ziehen? Oder bist du ein treuer Verwalter, der der Sache seines Volkes dient, der seine Interessen vertritt und dessen Wünsche zu verwirklichen sucht?

Wenn du der erste bist, so bist du ein Unkraut auf der Tenne der Nation, und wenn du der zweite bist, der Segen in ihren Speichern.

Bist du ein Ehemann, der sich selber erlaubt, was er seiner Ehefrau verbietet; der ausgeht und sich vergnügt, während in seinem Gürtel der Schlüssel zu ihrem Gefängnis steckt; der ißt, worauf er Appetit hat, bis er krank wird, während sie einsam vor einem leeren Tisch sitzt? Oder bist du ein Begleiter, der nirgendwohin geht, ohne die Hand seiner Begleiterin in seiner Hand zu halten, der nichts unternimmt, bevor sie ihre Meinung dazu geäußert hat, und der nicht erfolgreich ist, ohne daß sie Anteil hat an seiner Freude und an seiner Ehre?

Wenn du der erste bist, so bist du übriggeblieben von längst erloschenen Volksstämmen, die noch in Höhlen wohnten und Tierhäute trugen. Wenn du aber der zweite bist, bist du der Vorläufer einer Nation, die mit der Morgenröte voranschreitet zum Mittag der Gerechtigkeit und Klugheit.

Bist du ein Schriftsteller oder ein Forscher, dessen Kopf sich über unsere Köpfe erhebt, wobei seine Gedanken in die Abgründe der Vergangenheit zurückkehren, wo Generationen ihre geflickten und abgetragenen Kleider deponieren sowie alles, was für sie keinen Wert mehr besaß? Oder bist du ein klarer Gedanke, der seine Umgebung erforscht um zu wissen, was für ihn nützlich und was für ihn schädlich ist, und der sein Leben damit zubringt, das Nützliche zu schaffen und das Schädliche zu zerstören?
Wenn du der erste bist, bist du ein Tor und Einfaltspinsel; bist du dagegen der zweite, so bist du Brot für die Hungernden und Wasser für die Durstenden.

Bist du ein Dichter, der vor den Toren der Prinzen aufspielt, der auf Hochzeiten Blumen streut und bei Begräbnissen an der Spitze des Leichenzuges schreitet mit einem feuchten Schwamm, den er ausdrückt, sobald der Zug den Friedhof erreicht, oder bist du ein begabter Dichter, in dessen Hände Gott eine Gitarre gelegt hat, der er göttliche Melodien entlockt, die in uns Ehrfurcht wecken vor dem Leben und was es an Schönheit und Schrecken enthält?

Wenn du der erste bist, gehörst du zu den Betrügern, die in unseren Seelen das Gegenteil von dem bewirken, was sie sagen; wenn sie weinen, lachen wir, und wenn sie fröhlich sind, trauern wir. Wenn du aber der zweite bist, so bist du das Strahlen in unseren Blicken, die Sehnsucht in unseren Herzen und die göttliche Vision in unserer Ekstase.

Im Orient gibt es zwei Arten von Prozessionen oder Umzügen: die eine besteht aus Greisen mit gebeugten Rücken; sie ziehen langsam vorwärts, auf krummen Stäben gestützt; sie sind außer Atem und erschöpft, obgleich ihr Zug sich abwärts von oben nach unten bewegt – die andere bilden junge Menschen, die rasch vorwärts schreiten, als ob sie Flügel hätten; dabei jauchzen und jubeln sie, als gäbe es in ihren Kehlen Saiten von Lauten und Gitarren; sie steigen mühelos bergauf, als gäbe es auf den Gipfeln der Berge eine Kraft, die sie anzieht, und einen Zauber, der sie fasziniert.
Von welcher Gruppe bist du, Orientale, und welchem Zug hast du dich angeschlossen? Frag dich selbst! Verlange von dir eine Antwort im Schweigen der Nacht, wenn deine Seele erwacht ist aus ihrer Betäubung durch ihre Umgebung: ob du einer von den Sklaven des Gestern oder einer der Freien des Morgen bist.

Laß dir gesagt sein, daß die Söhne des Gestern im Leichenzug der Epoche ziehen, die sie geschaffen hat und die sie geschaffen haben. Sie ziehen an einem Tau, deren Fäden die Zeit morsch und brüchig werden ließ; und wenn sie daran reißen – und es wird bald der Fall sein –, dann fallen diejenigen, die daran ziehen, in ein Grab des Vergessens.

Sie bewohnen Häuser, deren Fundamente baufällig sind; wenn der Sturm sich erhebt – und er wird sich bald erheben –, stürzen diese Häuser über ihren Köpfen zusammen und werden zu ihren Gräbern. Ihre Gedanken und Reden, ihre Dispute und schriftlichen Werke, ihre Ämter und Kanzleien sind nichts als Ketten, die sie herumschleppen und unter deren Last sie stöhnen, doch wegen ihrer Schwäche können sie sie nicht abschütteln.

Die Kinder des Morgen aber sind diejenigen, die das Leben gerufen hat. Sie folgen dem Ruf mit sicheren Schritten und erhobenen Köpfen. Sie sind das Morgenrot einer neuen Zeit. Weder verhüllt der Rauch ihr Licht, noch übertönt das Klirren der Ketten ihre Stimmen, und der üble Geruch der Sümpfe kann ihren Wohlgeruch nicht aufheben. Sie sind eine kleine Gruppe inmitten zahlloser Gruppen mit zahlreichen Anhängern. Doch in einem blühenden Zweig steckt etwas, was man in einem abgestorbenen Wald vergeblich sucht, und in einem einzigen Korn Weizen kann man finden, was ein ganzer Berg Stroh nicht enthält. Sie sind eine unbekannte Gruppe, aber sie kennen einander, und den höchsten Gipfeln gleich, sehen sie einander; sie hören ihre Rufe und reden miteinander; die Grotten hingegen sind blind und sehen nicht, sie sind taub und hören nicht. Sie aber sind Samenkörner, die Gott auf ein Feld gestreut hat; die Kraft ihres Innern sprengte die Hüllen, und nun sind sie die zarten Pflanzen, die sich vor dem Antlitz der Sonne neigen; und sie werden riesige Bäume werden, deren Wurzeln sich im Herzen der Erde ausstrecken und deren Zweige in die Tiefen des Himmels emporsteigen.

Die Einsamkeit und die Zurückgezogenheit

Das Leben ist eine Insel in einem Meer der Einsamkeit und Zurückgezogenheit.
Das Leben ist eine Insel, deren Felsen die Wünsche und deren Bäume die Träume sind, deren Blumen die Verlassenheit und deren Quellen der Durst ist. Sie liegt inmitten eines Meeres der Einsamkeit und Zurückgezogenheit.

Dein Leben, Bruder, ist eine Insel, die von allen anderen Inseln und Territorien abgetrennt ist. Obgleich du Schiffe und Barken an andere Ufer aussendest und obwohl Flotten und Geschwader deine Ufer erreichen, bist du dennoch eine abgetrennte Insel, allein durch dein Leid, abgesondert durch deine Freude, abgelegen durch deine Sehnsucht und unbekannt durch deine Geheimnisse und Rätsel.
Ich sah dich, Bruder, auf einem Berg Gold sitzen, glücklich über deinen Reichtum, und du übertrafst den Gesang des Dichters, daß jedes Stäubchen Gold einen Faden darstellt, der das Denken der Menschen mit deinem Denken verbindet und ihre Neigungen und Tendenzen mit den deinen verknüpft.

Ich sah dich als Eroberer Truppen von Soldaten gegen eine unzugängliche Festung führen, die du zerstörtest und einnahmst.
Doch als ich ein zweites Mal hinsah, entdeckte ich hinter der Mauer deiner Schätze ein Herz, das in

seiner Einsamkeit und Zurückgezogenheit zitterte, wie ein Verdurstender zittert, der in seinem selbstgemachten Käfig aus Gold und Perlen sitzt, aber kein Wasser hat.

Ich sah dich, Bruder, auf dem Thron der Ehre sitzen, umgeben von Menschen, die deinen Namen rühmten, deine guten Taten priesen und auf dich blickten, als seien sie in der Gegenwart eines Propheten, der ihre Seelen und Geister erhob, bis sie mit ihm die Sterne und Planeten umkreisten. Du sahst sie an, und dein Gesicht spiegelte die Glückseligkeit und Überwältigung der Macht, und es hatte den Anschein, als ob du für sie wärest, was die Seele für den Körper ist.
Doch als ich ein zweites Mal hinschaute, sah ich dein einsames «Ich» neben deinem Thron stehen, und es litt an seiner Entfremdung und erstickte an seiner Einsamkeit; ich sah es die Hände nach allen Seiten ausstrecken, als ob sie um Mitleid bäten und ein Almosen von unsichtbaren Geistern erbettelten; dann sah ich es über die Köpfe der Menschen hinweg zu einem entfernten Ort blicken, einem Ort, der völlig leer ist und an dem sich nichts befindet außer seiner Einsamkeit und Zurückgezogenheit.

Ich sah dich, Bruder, verliebt in eine schöne Frau, wie du dein schmelzendes Herz auf den Scheitel ihres Haares vergossest und ihre Handflächen mit Küssen bedecktest. Sie schaute dich verliebt an, ihre Blicke voller Zärtlichkeit, und auf ihren Lippen lag die Süße der Mütterlichkeit. Da sagte ich mir: die Liebe hat die Einsamkeit dieses Mannes

aufgehoben und sein Alleinsein beendet; er ist zu-
rückgekehrt zum universellen Geist, der durch die
Liebe anzieht, was sich von ihm gelöst hatte in die
Leere und ins Vergessen.

Doch ich sah dich ein zweites Mal, und ich entdeckte in den Falten deines verliebten Herzens ein
einsames Herz, das vergeblich versucht, auf den
Kopf einer Frau zu verströmen, was in ihm verborgen ist; und ich erblickte hinter deiner liebenden
Seele eine andere einsame Seele, die dem Nebel
glich, der vergeblich versuchte, zu Tränen in den
Händen seiner Begleiterin zu werden.

Dein Leben, Bruder, ist ein einsames Haus, weit
entfernt von allen Häusern und von allen Leben-
den. Und dein inneres Leben ist ein Haus, das ab-
seits liegt von den äußeren Erscheinungen, denen
die Menschen deinen Namen verleihen. Wenn dein
Haus dunkel ist, kannst du es nicht mit den Lampen
deines Nachbarn erhellen; wenn es in einer Wüste
steht, kannst du es nicht in einen blühenden Garten
versetzen, den ein anderer angelegt hat; wenn es
auf dem Gipfel eines Berges steht, kannst du es
nicht in ein Tal versetzen, das die Füße der anderen
geebnet haben.

Dein geistiges Leben, Bruder, ist von Einsamkeit
und Zurückgezogenheit geprägt, und ohne diese
Einsamkeit und jene Zurückgezogenheit wärst du
nicht, was du bist, und wäre ich nicht, was ich bin.
Ohne diese Einsamkeit und Zurückgezogenheit
hätte ich beim Klang deiner Stimme geglaubt, daß
ich spreche, und beim Anblick deines Gesichtes
hätte ich geglaubt, mich in einem Spiegel zu sehen.

Irm Dat al-Imad – die verborgene Stadt

«Hast du nicht gesehen, wie dein
Herr an Aad Irm Dat al-Imad ge-
handelt hat; er hat nichts Gleichwer-
tiges in der Welt geschaffen.» *Koran*

«Einige meiner Nationen werden sie
betreten.» *Hadith*

Einleitung zu Irm Dat al-Imad

Nachdem Schaddad Ibn Aad die gesamte Welt in Besitz genommen hatte, befahl er tausend Emiren von
den Emiren des Stammes der Aad, nach einer weiten
Fläche Land Ausschau zu halten, die reich ist an Wasserquellen und guter Luft und die vom Gebirge weit
entfernt ist, um dort eine goldene Stadt zu errichten.
Jene Emire begaben sich auf die Suche, wobei jeder
von tausend Männern aus ihrer Dienerschaft und
Gefolgschaft begleitet wurden. Sie hielten überall
Ausschau, bis sie zu einem weitläufigen Gelände gelangten, reich an Wasserquellen und guter Luft. Dieser Platz gefiel ihnen, und sie befragten Ingenieure
und Baumeister, den Plan für eine gewaltige quadra-
tische Stadt zu entwerfen, deren Außenmauern insgesamt vierzig Parasange[1] messen sollten, also jede
Seite zehn Parasange.

---

[1] Längenmaß (2250 Meter)

Sie hoben die Fundamente bis zum Grundwasser aus, und sie errichteten die Grundmauern bis zur Erdoberfläche aus jemenitischem Onyx; darauf bauten sie die Stadtmauer, die sich fünfhundert Ellen über der Erdoberfläche erhob, und sie bedeckten sie mit Platten aus Gold und Silber, die das Auge nicht wahrzunehmen vermochte, wenn die Sonne darauf schien.

Schaddad befahl allen Minen der Welt, Gold zu fördern, um es als Ziegel zu benutzen. Darüber hinaus brachten die Minen viele vergrabene Schätze zutage. Dann ließ er innerhalb der Stadt hunderttausend Paläste errichten gemäß der Zahl der Oberhäupter seines Reiches. Jedes der Schlösser war auf Säulen aufgebaut, die aus in Gold gefaßten Edelsteinen und Saphiren bestanden, und jede Säule maß hundert Ellen.

Mitten durch die Stadt ließ er einen Fluß anlegen, von dem Bäche und Flüßchen zu den Palästen und Villen abzweigten, und ihre Kieselsteine waren aus Gold, Perlen und Saphiren. Die Paläste wurden vergoldet und versilbert. An die Ufer der Flüsse setzte man verschiedenartige Bäume, deren Stämme aus Gold waren, die Blätter und Früchte aus Edelsteinen, Saphiren und Perlen. Die Stadtmauern ließ er mit Moschus und Ambra besprühen. Auch einen großen Garten ließ er anlegen, den er mit Bäumen aus Smaragden, Saphiren und anderen Edelsteinen schmückte. Auf den Bäumen gab es Vögel, die man singen und zwitschern hörte...

(aus al-Schaabi's Buch: Geschichte der Könige)

Irm Dat al-Imad

Ort: ein Hain, bestehend aus Nußbäumen, Pappeln und Granatapfelbäumen, die ein altes, einsames Haus umgeben, das abgesondert zwischen der Quelle des Orontes und einem Dorf im Hermel im Nordosten des Libanon liegt

Zeit: an einem Nachmittag im Juli des Jahres 1883

Personen: ZEIN AL-'ABIDIN AN-NAHAWANDI, ein persischer Derwisch, 40 Jahre alt, Mystiker
NAGIB RAHMAT, ein libanesischer Schriftsteller, 33 Jahre alt
AMINAT: AL-'ALAWIAT, in dieser Gegend als «Geist des Tales» bekannt, niemand weiß ihr Alter

Der Vorhang hebt sich, und auf der Bühne erscheint Zein al-'Abidin, im Schatten der Bäume sitzend. Er stützt sich auf einen Arm auf, während er in der anderen Hand einen langen Stock hält, mit dessen Spitze er runde Linien auf den Erdboden zeichnet.
Einen Augenblick später nähert sich auf einem Pferd reitend Nagib Rahmat dem Hain. Er steigt vom Rücken seines Pferdes ab und bindet die Zügel seines Reittiers an einen Baumstamm. Dann schüttelt er den Staub von seinen Kleidern und nähert sich Zein al-'Abidin.

NAGIB: Der Friede sei mit dir, mein Herr!
ZEIN: Und auch mit dir! *(indem er sein Gesicht abwendet:)* Den Friedensgruß nehmen

wir an; doch was die Anrede «Herr» betrifft, wissen wir nicht, ob wir sie annehmen sollen oder nicht.

NAGIB: *(indem er sich suchend umschaut)* Wohnt
hier Aminat al-'Alawiat?

ZEIN: Dies ist eins ihrer Häuser.

NAGIB: Heißt das, mein Herr, daß sie noch andere Häuser besitzt?

ZEIN: Ihre Wohnungen sind ohne Zahl.

NAGIB: Seit heute morgen bin ich auf der Suche
nach ihr, und ich frage jeden, den ich
unterwegs treffe, nach ihrem Wohnsitz.
Aber niemand konnte mir bisher sagen,
ob sie zwei oder mehrere Häuser hat.

ZEIN: Das ist ein Beweis dafür, daß du seit
heute morgen nur Menschen begegnet
bist, die ausschließlich mit ihren Augen
sehen und nur mit ihren Ohren hören.

NAGIB: *(verwundert)* Vielleicht ist es so, wie du
sagst, mein Herr. Doch sag mir, ob Aminat al-'Alawiat tatsächlich in diesem
Haus wohnt.

ZEIN: Ja, zuweilen wohnt sie an diesem Ort.

NAGIB: Weißt du möglicherweise, wo sie sich
jetzt aufhält?

ZEIN: Sie ist überall. *(Mit seiner Hand in östliche
Richtung zeigend, fährt er fort:)* Was aber
ihren Körper betrifft, so geht sie dort
zwischen den Hügeln und Tälern spazieren.

NAGIB: Kannst du mir sagen, ob sie heute noch
hierher zurückkommt?

ZEIN: Sie wird zurückkommen, so Gott will.

NAGIB: *(setzt sich auf einen Stein, Zein gegenüber, den er lange betrachtet, dann sagt er)* Deinem Bart nach zu urteilen, scheinst du ein Perser zu sein.

ZEIN: Ja, ich bin in Nahawand geboren, in Schiraz aufgewachsen und in Nisabur ausgebildet worden. Ich habe den Orient und den Okzident der Erde bereist, doch ich blieb ein Fremder an jedem Ort.

NAGIB: Alle sind wir Fremde an allen Orten der Erde.

ZEIN: Nein, das stimmt nicht! Ich habe mit Tausenden und aber Tausenden gesprochen und mich mit ihnen unterhalten, und alle waren mit ihrer Umgebung zufrieden. Sie hatten sich ihren Lebensbedingungen angepaßt gleich den vielen Tausenden, die sich aus der weiten Welt an einen kleinen Winkel zurückgezogen haben, der für sie die Welt bedeutet.

NAGIB: *(von seinen Worten beeindruckt)* Der Mensch ist naturgemäß dem Ort zugetan, an dem er das Licht der Welt erblickte.

ZEIN: Und der begrenzte Mensch liebt von Natur aus die Begrenzung im Leben, ebenso wie der Kurzsichtige nur eine Elle von dem Weg sieht, auf dem er geht, und nur eine Elle von der Mauer, an die er sich anlehnt.

NAGIB: Es ist nicht allen von uns gegeben, die Gesamtheit des Lebens zu überschauen; und es wäre ungerecht, von den Kurz-

	sichtigen zu verlangen, den schwachen Schimmer in der Ferne zu erblicken.
ZEIN:	Du hast recht, es ist ungerecht, von unreifen Trauben Wein zu erwarten.
NAGIB:	*(nach einem Augenblick des Schweigens)* Seit vielen Jahren höre ich, was man über Aminat al-'Alawiat erzählt, und diese Berichte haben mich so sehr beeindruckt, daß ich mich entschlossen habe, sie aufzusuchen und sie persönlich nach ihren Geheimnissen zu befragen …
ZEIN:	*(unterbricht ihn)* Gibt es in dieser Welt jemanden, der Aminat al-'Alawiats Geheimnisse ergründen könnte? Gibt es unter den Menschen jemanden, der auf dem Grund des Meeres wie in einem Garten spazieren könnte?
NAGIB:	Verzeihen Sie, mein Herr! Ich sehe, daß ich mich falsch ausgedrückt habe. Natürlich kann ich nicht Aminat al-'Alawiats Geheimnisse ergründen, aber ich möchte von ihr erfahren, wie sie Irm Dat al-Imad betreten hat.
ZEIN:	Du hast dich nur an die Tür ihrer Träume zu stellen. Wenn dir geöffnet wird, erreichst du dein Ziel, wenn nicht, bist du der Getadelte.
NAGIB:	Was soll das heißen: Wenn mir nicht geöffnet wird, bin ich der Getadelte?
ZEIN:	Ich will damit sagen, daß Aminat al-'Alawiat die Menschen besser kennt, als sie sich selber kennen. Sie sieht mit einem einzigen Blick, was es in ihrem Be-

	wußtsein, ihrem Herzen und ihrem Geist gibt. Wenn sie dich dann würdig findet, wird sie mit dir reden, sonst nicht.
NAGIB:	Was soll ich sagen und tun, um würdig zu erscheinen, mit ihr zu reden?
ZEIN:	Es ist zwecklos, dich durch bestimmte Reden und Handlungen würdig zu erweisen. Sie hört überhaupt nicht auf das, was du sagst, und achtet nicht darauf, was du tust, denn sie wird mit dem Ohr ihres Ohres hören, was du nicht gesagt hast – und mit dem Auge ihres Auges wird sie sehen, was du nicht getan hast.
NAGIB:	*(erstaunt)* Wie beredt deine Worte sind, und wie schön!
ZEIN:	Was ich über Aminat al-'Alawiat sage, ist nichts anderes als das Stammeln eines Stummen, der ein Lied singen will.
NAGIB:	Weißt du, wo diese bewundernswerte Frau geboren ist?
ZEIN:	Im Herzen Gottes ist sie geboren.
NAGIB:	Ich meine, wo ihr Körper zur Welt kam?
ZEIN:	In der Nähe von Damaskus.
NAGIB:	Kannst du mir auch etwas über ihre Eltern und über ihre Erziehung und Ausbildung sagen?
ZEIN:	Du stellst ähnliche Fragen, wie die Richter und Rechtsgelehrten. Glaubst du etwa, daß man das Wesentliche durch die Kenntnis äußerer Lebensumstände erfahren kann? Genügt es, um den Geschmack des Weines zu kennen, einen Blick auf den Weinkrug zu werfen?

NAGIB: Zwischen Geist und Körper bestehen
           gewisse Beziehungen ebenso wie zwi-
           schen dem Körper und seiner Umge-
           bung. Und da ich nicht an Zufälligkei-
           ten glaube, meine ich, daß es nicht
           uninteressant ist, diese Bande und Be-
           ziehungen in Betracht zu ziehen.

ZEIN: Du scheinst darüber einiges zu wissen!
           Hör also zu! Über Animat al-'Alawiats
           Mutter weiß ich nur, daß sie bei der Ge-
           burt ihrer Tochter gestorben ist. Ihr Va-
           ter, der blinde Scheich Abd al-Ghani,
           bekannt unter dem Namen al-Alawi,
           war zu seiner Zeit ein religiöser Führer
           der Bathiniyat[1] und des Mystizismus. Er
           war − Gott sei ihm gnädig − mit sei-
           ner Tochter so innig verbunden und er
           liebte sie so sehr, daß er sie selber aufzog
           und ausbildete; und alles, was sein Geist
           enthielt, teilte er ihrem Geist mit. Als
           Animat al-'Alawiat volljährig wurde,
           war ihm bewußt, daß die Kenntnisse,
           die sie von ihm erhalten hatte, im Ver-
           gleich zu dem Wissen, das sie besaß,
           dem Schaum des Meeres zu vergleichen
           war. Er pflegte im Hinblick auf ihr Wis-
           sen zu sagen: Aus meiner Dunkelheit ist
           ein Licht erschienen, das mich erleuch-
           tet. Nachdem sie das fünfundzwanzigste
           Lebensjahr erreicht hatte, brach er mit

[1] Schriftgelehrte des Islams, die nach dem inneren oder verborgenen
    Sinn der göttlichen Schriften forschen

ihr nach Mekka auf, um die religiöse Pflicht des Hajj[1] zu erfüllen. Als sie die Steppe bei Damaskus durchquerten, befiel den Blinden ein Fieber, an dem er starb.

Seine Tochter begrub ihn am Fuße eines Berges. Sie blieb sieben Tage und Nächte an seinem Grab und hielt Zwiesprache mit seinem Geist, den sie bat, ihr die Geheimnisse des Überirdischen zu entdecken und ihr zu enthüllen, was sich hinter dem Schleier des Sichtbaren verbirgt. In der siebten Nacht gab ihr der Geist ihres Vaters ein, ihren Proviant auf die Schulter zu nehmen und die Reise in östliche Richtung fortzusetzen, und sie tat so. *(Er schweigt einen Augenblick, indem er den weiten Horizont betrachtet, dann fährt er fort:)* Aminat al-'Alawiat setzte den Weg durch die Steppe alleine fort, bis sie al-Rub'a al-Khali erreichte, das Herz der arabischen Halbinsel, das noch keine Karawane durchquert hat und wohin nur wenige Personen gelangten seit den Anfängen des Islams bis heute.

Die anderen Pilger aber glaubten, daß sie sich in der Einöde der Steppe verirrt habe und vor Hunger gestorben sei. Als sie nach Damaskus zurückkehrten, gaben sie diesen Vermutungen Ausdruck.

---

[1] die Wallfahrt nach Mekka (eine der fünf religiösen Pflichten des Muslim)

Die Menschen, die ihre Güte erfahren hatten, trauerten um die beiden. Doch mit der Zeit hüllte Vergessen die Erinnerung ein, als ob sie nicht gelebt hätten.

Fünf Jahre später tauchte Aminat al-'Alawiat in Mossul auf. Ihr Erscheinen in all ihrer Schönheit und Würde, mit ihrem Wissen und ihrer Güte war wie das Auftauchen eines Meteors am Himmel. Danach verbrachte sie ihr Leben unter den Menschen, bald auf Reisen, bald im Kreise von Gelehrten und Imamen, mit denen sie über göttliche Dinge sprach und denen sie die Schönheiten von Irm Dat al-Imad beschrieb, mit einer solchen Beredsamkeit, wie sie das Volk nie gehört hatte. Je mehr ihr Fall bekannt und je zahlreicher die Anhänger wurden, die sich um sie scharten, um so mehr befürchteten die Gelehrten und die religiösen Führer der Stadt das Aufkommen einer neuen Häresie oder einer Verschwörung, und sie klagten sie beim Gouverneur der Stadt an. Dieser ließ sie zu sich kommen, bot ihr einen Beutel Gold an und forderte sie auf, die Stadt zu verlassen. Sie lehnte das Gold ab und verließ die Stadt noch am gleichen Tag, ohne daß sie jemand begleitete. Sie reiste nach Istanbul, Aleppo, Damaskus, Homs und Tripolis, und in all diesen Städten erweckte sie durch ihre Reden, was in den Seelen der Menschen schlummerte, und sie entflammte, was in ihren Geistern erloschen war. Zahllose Menschen versammelten sich – wie durch Zaubermacht angezogen – um sie, und sie lauschten den Berichten ihrer einmaligen Erfahrungen. Doch die Religionsgelehrten jener Städte, die sie bereiste, nahmen gegen sie Stellung. Sie zeigten sie bei den Richtern an und bereiteten ihr alle erdenklichen Arten von Unannehmlichkeiten und Verfolgungen. Da begann ihre Seele, sich nach der Einsamkeit zu sehnen. Sie kam an diesen Ort, wo sie seitdem zurückgezogen lebt, sich ganz dem Gebet und der Meditation widmet, sich von allem zurückzieht und nur der Vertiefung der göttlichen Geheimnisse lebt.

Das ist ein wenig von dem vielen, was ich über Animat al-'Alawiat weiß. Was Gott mir darüber hinaus an Wissen schenkte über ihr Wesen und ihre Seele sowie deren Kräfte und Gaben, darüber kann ich jetzt nicht sprechen. Wer von uns Menschen kann den Äther, der diese Welt umgibt, in Becher und Gläser füllen?

NAGIB: *(beeindruckt)* Ich bin dir dankbar, daß du die Freundlichkeit hattest, mir von deinem Wissen über diese merkwürdige Frau mitzuteilen. Mein Wunsch, sie persönlich kennenzulernen, hat sich dadurch verstärkt.

ZEIN: *(beobachtet ihn eine Weile)* Du bist Christ, nicht wahr?

NAGIB: Ja, ich bin als Christ geboren. Doch ich weiß, wenn wir von den Religionen das entfernen, was im Laufe der Zeit an konfessionellen und sozialen Erweiterungen und Ausdrucksformen hinzugefügt wurde, erkennen wir sie alle als eine einzige Religion.

ZEIN: Du hast recht! Und es gibt unter den Menschen wohl niemanden, der besser um die religiöse Einheit weiß als Animat al-'Alawiat. Sie ist in den Augen der Menschen aus den verschiedensten Konfessionen wie der Morgentau, der vom Himmel herabfällt und sich als leuchtende Perlen auf die Blätter der Blumen legt. Ja, sie ist der Morgentau … *(Zein hält plötzlich in seiner Rede an, er blickt horchend in östliche Richtung; dann gibt er Nagib ein Zeichen, aufzupassen – flüsternd:)* Da ist Aminat al-'Alawiat!

NAGIB: *(legt seine Hand an die Stirn, als ob er in den Wellen der Luft eine Veränderung wahrgenommen hätte; dann schaut er in die angedeutete Richtung und sieht Animat al-'Alawiat kommen. Er steht unbeweglich wie eine Statue, und auf seinem Gesicht zeigt sich der Ausdruck innerer Bewegtheit. Animat al-'Alawiat tritt auf und bleibt vor den beiden Männern stehen. Ihr Gesicht, ihre Gesten und ihre Kleidung gleichen eher einem Idol vergangener Zeiten als einer mo-*

*dernen orientalischen Frau. Es fällt schwer,
ihr Alter zu bestimmen, wenn man es aufgrund äußerer Merkmale schätzen will. Es
scheint, als ob die Jugendlichkeit ihres Gesichts tausend Jahre Wissen und Erfahrung
verwischen wollte. Nagib und Zein bleiben
ehrfürchtig stehen, als ob sie sich in der Gegenwart eines Propheten Gottes befänden.
Nachdem Animat al-'Alawiat Nagibs Gesicht lange betrachtet hat, als ob sie bis in
sein Herz schauen wollte, nähert sie sich
ihm, und indem sie ihn anlächelt, sagt sie
mit freundlicher Stimme:)*

AMINAT: Du bist zu uns gekommen, Mann aus
dem Libanon, um Neuigkeiten zu erfahren. Aber du wirst bei uns nichts anderes
erfahren, als was in dir ist, und du wirst
von uns nichts anderes hören, als was
dein Inneres bereits weiß.

NAGIB: *(bewegt)* Ich sah und hörte und ich
glaube und bin zufrieden.

AMINAT: Begnüge dich nicht mit zu wenig! Derjenige, der mit leerem Krug zu den
Quellen des Lebens kommt, soll mit
zwei vollen Krügen zurückkehren. *(Sie
reicht ihm ihre Hand; er ergreift sie, hält sie
mit beiden Händen und küßt sie ehrerbietig,
von einer inneren Kraft dazu getrieben. Sie
wendet sich Zein zu, dem sie ebenfalls ihre
Hand reicht, und dieser tut das gleiche wie
Nagib. Dann tritt sie ein wenig zurück und
setzt sich auf einen behauenen Stein vor ihrem Haus. Sie zeigt auf herumliegende*

Steine und fordert Nagib auf:) Dies sind
unsere Plätze. Setz dich! *(Nagib läßt sich
auf einem Stein nieder, und Zein folgt seinem Beispiel.)*
Wir sehen in deinen Augen ein Licht
von den Lichtern Gottes. Derjenige, der
uns in diesem Licht ansieht, erblickt unsere ungeschminkte Wahrheit. Und wir
sehen in deinem Gesicht, daß es nicht
die Neugier war, die dich zu uns trieb,
sondern das Verlangen und der Wunsch
nach der Wahrheit. Wenn du also ein
Wort auf deinen Lippen hast, sag es! Wir
werden dir zuhören. Und wenn du eine
Frage in deinem Herzen hast, stelle sie,
wir werden dir antworten.

NAGIB: Ich kam hierher, um mich nach etwas zu
erkundigen, worüber bei den Menschen
viel geredet wird, da es ihnen so merk-
würdig erscheint. Aber kaum war ich in
deiner Gegenwart, da erkannte ich, daß
das Leben eine Erscheinung des universellen Geistes ist. Mir geht es wie dem
Fischer, der sein Netz ins Wasser warf,
um Fische zu fangen; und als er es an
Land zog, fand er in ihm einen Beutel
kostbarer Perlen.

AMINAT: Bist du gekommen, um dich nach unserem Aufenthalt in Irm Dat al-Imad zu erkundigen?

NAGIB: Ja, Herrin, seit meiner Jugend weben
diese drei Worte Irm Dat al-Imad meine
Träume und prägen meine Vorstellungen

über das, was dahintersteht an Symbolen und Visionen.

AMINAT: *(hebt ihren Kopf, schließt ihre Augen und sagt mit einer Stimme, von der Nagib glaubt, daß sie aus dem Herzen des Weltraums kommt)* Ja, wir haben die verborgene Stadt erreicht, und wir haben sie betreten. Wir wohnten in ihr und haben unseren Geist an ihren Düften gelabt, unser Herz mit ihren Geheimnissen und unsere Taschen mit ihren Perlen und Saphiren gefüllt. Derjenige, der leugnet, was wir gesehen haben, ist ein Ungläubiger vor sich selbst und vor Gott.

NAGIB: *(bedächtig)* Herrin, ich bin nur ein Kind, das stammelnd und stotternd zum Ausdruck bringt, was es sagen will. Wenn ich dir eine Frage stelle, so tue ich es in Demut, und wenn ich mich nach etwas erkundige, dann mit Vertrauen und Aufrichtigkeit. Werde ich in deinem Mitgefühl einen Fürsprecher finden, wenn ich dich mit meinen zahlreichen Fragen ermüde?

AMINAT: Frag, was du willst! Gott hat der Wahrheit mehrere Tore gegeben, und er öffnet sie demjenigen, der mit der Hand des Glaubens daran klopft.

NAGIB: Hast du Irm Dat al-Imad mit deinem Körper oder mit deinem Geist betreten? Ist sie eine Stadt, die aus konkreten, irdischen Elementen besteht und die an einem bestimmten Ort der Erde liegt, oder ist sie eine fiktive Stadt, die einen geistigen Zustand beschreibt, den die Propheten und die Erwählten Gottes erreichen im Zustand der Ekstase, den Gott wie einen Schleier über ihre Seelen breitet?

AMINAT: Alles, was wir auf Erden sehen oder nicht sehen, ist ein geistiger Zustand. Ich betrat die verborgene Stadt mit meinem Körper, der mein sichtbarer Geist ist, und ich betrat sie mit meinem Geist, der mein verborgener Körper ist. Wer versucht, Körper und Geist zu trennen, befindet sich im Irrtum. Die Blumen und ihr Duft sind eine untrennbare Einheit. Ein Blinder, der weder Farbe noch Form einer Blume sieht, wird sagen: Eine Blume ist Duft, der verströmt. Und er irrt sich darin ebenso wie jemand, der Schnupfen hat und behauptet: eine Blume ist nur Form und Farbe.

NAGIB: Also ist die verborgene Stadt, die wir Irm Dat al-Imad nennen, nichts anderes als ein geistiger Zustand?

AMINAT: Jeder Ort und jede Zeit ist ein geistiger Zustand, ebenso wie alles Sichtbare und alles Denkbare. Wenn du deine Augen schließt und in die Tiefen deiner Tiefen schaust, so siehst du die Welt in ihrer Gesamtheit und in ihren Teilen. Du wirst die Gesetze und Kräfte entdecken, die in ihr walten, und ihre Geheimnisse. Wenn du deine Augen schließt und deine Einsicht öffnest, wirst du den Anfang und das Ende der Welt vor Augen sehen, dieses Ende, das wiederum ein Anfang ist, und diesen Anfang, der ein Ende wird.

NAGIB: Hat jeder Mensch diese Möglichkeit, seine Augen zu schließen und das Wesen des Lebens wahrzunehmen?

AMINAT: Jeder Mensch kann sich so lange sehen, bis die Sehnsucht den Schleier der äußeren Erscheinungen entfernt. Dann sieht er sich selbst, und wer sich selbst sieht, erblickt das Wesen des Lebens.

NAGIB: *(indem er seine Hand auf die Brust legt)* Dann existiert alles, was in der Schöpfung fühlbar und denkbar ist, hier in meinem Herzen?

AMINAT: Alles, was im Sein existiert, ist in dir, durch dich und für dich!

NAGIB: Heißt das, daß Irm Dat al-Imad in meinem Herzen existiert und nicht außerhalb von mir?

AMINAT: Alles, was vorhanden ist, ist in deinem Inneren; und alles, was sich in deinem Inneren befindet, existiert auch in Wirklichkeit. Es gibt keine Trennung zwischen den nahen und den entfernten, den hohen und den tiefen, den großen und den kleinen Dingen. Ein einziger Wassertropfen enthält alle Geheimnisse der Meere, genauso wie ein einziges Stäubchen alle Elemente der Erde enthält, und ebenso wie letztlich in einer einzigen Bewegung des Denkens alles enthalten ist, was es in der Welt an geistigen Bewegungen gibt.

NAGIB: *(verwirrt)* Es wurde mir berichtet, Herrin, daß du gewaltige Entfernungen hinter dich gebracht hast, bevor du al-Rub'a al-Khali im Herzen der arabischen Halbinsel erreichtest. Und mir wurde auch erzählt, daß der Geist deines Vaters Offenbarung und Wegweiser für dich war, der dich begleitete, bis du Irm Dat al-Imad erreicht hattest. Besteht also nicht die Notwendigkeit für denjenigen, der in die verborgene Stadt gelangen will, in einer vergleichbaren Situation zu sein und über ähnliche materielle Mittel und geistige Voraussetzungen zu verfügen wie du, um das zu erreichen, was du erreicht hast?

AMINAT: Gewiß, wir haben die weite Steppe durchquert, wir haben Hunger und Durst erduldet, die Gefahren und die Hitze des Tages auf uns genommen und ebenso die Schrecken und das Schweigen der Nacht, bevor wir die Mauern der Stadt Gottes erblickten. Aber vor uns hatten andere die Stadt erreicht, ohne einen einzigen Schritt gemacht zu haben, und sie haben ihre Schönheit und Pracht erblickt, ohne den Hunger des Körpers und den Durst des Geistes ertragen zu haben. In der Tat gibt es Brüder und Schwestern, die sich in der heiligen Stadt aufhielten, ohne ihre Häuser verlassen zu haben, in denen sie geboren wurden. *(Sie schweigt einen Augenblick, dann zeigt sie auf die duftenden Bäume, die sie umgeben:)* Jedes Samenkorn, das der Herbst auf die Erdoberfläche wirft, hat seine eigene Methode, seine Hüllen zu sprengen und sein Inneres zu befreien, um seine Blätter, Blüten und Früchte zu bilden und zu entfalten. Doch obgleich die Methoden unterschiedlich sind, so bleibt ihr Ziel das gleiche: in Ehrfurcht vor dem Antlitz der Sonne zu stehen.

ZEIN: *(geht auf und ab, und als ob er in eine himmlische Welt entrückt ist, ruft er mit sanfter Stimme)* Allah ist groß! Es gibt keinen Gott außer Allah, den großzügigen Spender, der seine Schatten zwischen Zunge und Lippen wirft!

AMINAT: Du hast recht, sag: Allah ist groß! Es gibt keinen Gott außer Allah, und füg hinzu: Es gibt nichts außer Allah! *(Zein murmelt diese Worte, während Nagib Animat ansieht, und wie entrückt wiederholt er)*

ZEIN: Es gibt nichts außer Allah!

AMINAT: Sag: Es gibt keinen Gott außer Allah! Es gibt nichts außer Allah und sei Christ!

NAGIB: *(neigt seinen Kopf, bewegt seine Lippen und wiederholt ihre Worte. Dann hebt er seinen Kopf und sagt)* Ich habe diese Worte gesagt, Herrin, und ich werde sie bis ans Ende meines Lebens wiederholen.

AMINAT: Dein Leben hat kein Ende! Du bleibst wie alles bleibt.

NAGIB: Wer bin ich und was bin ich, um ewig zu bleiben?

AMINAT: Du bist du selbst, und du bist alles; deswegen wirst du ewig bleiben.

NAGIB: Ich weiß, meine Herrin, daß die Elemente, aus denen sich mein Körper zusammensetzt, in der Urmaterie überdauern werden. Aber dieser Gedanke, den wir «Ich» nennen, wird auch er von ewiger Dauer sein? Wird dieser Strahl des Bewußtseins im Dunkel des Schlummers, der ihn umgibt, ewig bleiben? Bleibt diese Wasserblase, die im Sonnenlicht glänzt, und bleiben die Wellen, die das Meer gebar und die es vernichtet, um andere hervorzubringen, werden sie bestehen bleiben?

Diese Wünsche und Hoffnungen, diese Leiden und Freuden, werden sie Bestand haben? Bleiben diese schwankenden Bilder und Vorstellungen im unterbrochenen Schlaf dieser Nacht, die reich ist an Wundern und gewaltig in ihrer Weite, Tiefe und Höhe?

AMINAT: *(hebt ihre Augen, als ob sie aus den reich gefüllten Taschen des Kosmos Schätze empfängt, und sie erwidert mit einer Stimme voller Zuversicht, Wissen und Erfahrung)* Alles Sein hat Bestand. Das Sein des Seienden ist ein Hinweis auf seine Ewigkeit. Und dieser Gedanke – in ihm verbirgt sich das gesamte Wissen, denn wenn er nicht existierte, so wäre das Wissen der Welt nicht existent –, er ist ein himmlisches, ewiges, unendliches Wesen. Er ändert sich nur, um in einem prächtigeren Bild zu erscheinen, und er schläft nur, um von einem schöneren Erwachen zu träumen.

Ich wundere mich über jemanden, der an die Ewigkeit der kleinsten Teilchen äußerer Hüllen glaubt, die unsere Sinnesorgane gerade noch wahrnehmen können, der aber die Ewigkeit dessen bestreitet, wofür diese Hüllen geschaffen wurden.

Ich wundere mich über denjenigen, der die Ewigkeit der Elemente bezeugt, aus denen sich das Auge zusammensetzt, der aber an der Ewigkeit des Sehens zweifelt, wozu ihm das Auge als Mittel dient.

Ich wundere mich über denjenigen, der an die Ewigkeit der bewirkenden Faktoren glaubt, die Ewigkeit der Wirkung selbst aber leugnet.

Ich wundere mich über denjenigen, der sich mit den geschaffenen Dingen mehr befaßt als mit dem Schöpfer selbst, der darin sichtbar wird.

Ich wundere mich über denjenigen, der das Leben in zwei Hälften teilt, wobei er an die Hälfte glaubt, die angetrieben wird, die antreibende Hälfte jedoch bestreitet.

Ich wundere mich über denjenigen, der auf diese Berge und Täler sieht, eingetaucht im Licht der Sonne, der den

Wind mit den Zungen der Zweige reden hört, der den Duft der Blumen und Blüten einatmet und zu sich sagt: Nie und nimmer wird vergehen, was ich hier sehe und höre! Nie und niemals wird dahinschwinden, was ich hier gefühlt und begriffen habe! Dieser verständige Geist aber, der sieht und verehrt, der meditiert und hört, der froh und bekümmert ist, dieser Geist, der fühlt und erschauert, der sich entfaltet, sich informiert, sich vergewissert, dieser Geist, der alles umgibt, er soll sich auflösen wie die Wasserblasen auf dem Meer, wie der Schatten vor dem Licht?

In der Tat wundere ich mich über diejenigen, die seine Unvergänglichkeit leugnen.

NAGIB: *(bewegt)* Ich habe stets an meine Unsterblichkeit geglaubt, Herrin, und wer dich sprechen hört, glaubt nicht, daß er einem Felsen ähnlicher ist als einem Menschen.

AMINAT: Gott hat in jede Seele einen Propheten gesandt, der ihn zum Licht führt. Doch es gibt Menschen, die das Leben außerhalb von sich selber suchen, während das Leben in ihrem Inneren ist. Aber sie wissen das nicht.

NAGIB: Gibt es nicht außerhalb von uns Lichter, ohne die wir nicht erkennen können, was in unseren Tiefen ist? Gibt es außerhalb von uns nicht Kräfte, die unsere

Kraft aufrichten? (*Er verstummt einen Augenblick, dann fährt er zögernd fort:*) Hat der Geist deines Vaters dir nicht Dinge offenbart, die die Gefangenen des Körpers nicht kennen, ebenso wie diejenigen, die den Tagen und Nächten unterliegen?

AMINAT: Gewiß, aber der Besucher klopft vergeblich an die Tür des Hauses, wenn es im Inneren niemanden gibt, der sein Klopfen hört, aufsteht und ihm die Tür öffnet. Der Mensch ist ein Wesen, das ausgespannt ist zwischen der Unendlichkeit in seinem Inneren und der Unendlichkeit seiner Umgebung. Wenn es in unserem Inneren nicht gäbe, was es dort gibt, existierte auch außerhalb von uns nicht, was dort existiert.

Der Geist meines Vaters sprach zu mir, weil mein Geist ihn einlud, und er hat meiner Vernunft offenbart, was meine Einsicht bereits wußte. Wenn ich aber keinen Hunger und Durst gehabt hätte, hätte ich weder Brot noch Wasser erhalten. Ohne meine Sehnsucht und mein Verlangen hätte ich das Ziel meiner Sehnsucht nicht erreicht.

NAGIB: Ist jeder von uns imstande, einen Faden aus seiner Sehnsucht und seinem Verlangen zu spinnen und ihn zwischen seinem Geist und den befreiten Geistern auszuspannen? Ist es nicht vielmehr nur eine Gruppe von Menschen, die die ungewöhnliche Gabe besitzen, mit den Geistern zu reden und ihren Willen und ihre Absichten zu erfahren?

AMINAT: Es gibt zwischen den Bewohnern des Äthers und den Bewohnern der Erde Gespräche und Unterhaltungen, die so unverrückbar sind wie die Tage und die Nächte. Niemanden unter den Menschen gibt es, der nicht ihrem Willen folgt. Wie viele Handlungen vollzieht der Mensch im Glauben, sie freiwillig auszuführen, während er in Wirklichkeit gelenkt wird. Und wie viele bekannte Persönlichkeiten verdanken ihre Größe der völligen Unterwerfung unter den Willen eines Geistes, so wie sich die Saiten einer Gitarre dem Spiel des Gitarristen überlassen. Tatsächlich gibt es zwischen der Welt des Sichtbaren und der Welt des Geistigen einen Weg, den wir im Zustand der Bewußtlosigkeit und Ekstase betreten. Dann kehren wir zurück, und unsere Handflächen sind reich gefüllt mit Samen, die wir in die Erde unseres täglichen Lebens werfen, wo sie als gute Handlungen und ewige Worte aufwachsen. Ohne diese offenen Wege zwischen unserem Geist und den himmlischen Geistern wäre nichts aus der Menschheit hervorgegangen – weder ein Prophet, noch ein Poet, und kein Wissender wandelte unter ihnen. *(Sie fährt lauter fort:)* Ich sage, und die kommenden Jahrhunderte werden mir recht geben: zwischen den himmlischen und den irdischen Geistern gibt es Beziehungen, die denen zwischen Befehlenden und Untergebenen oder zwischen Warnenden und Gewarnten gleichen. Wir sind umgeben von Mächten, die unsere Seelen anziehen, von Geistern, die unsere Geister inspirieren, und von Kräften, die unsere Kräfte aufrichten. Und selbst unsere Zweifel und Bedenken werden unseren Gehorsam dem Angezweifelten gegenüber nicht verweigern. Wenn wir uns den Wünschen unserer Körper zuwenden, entfernen wir uns dadurch nicht von den Absichten der Geister unserer Geister. Unsere Blindheit für die Wirklichkeit verhüllt diese nicht vor den Augen derer, die wir nicht sehen. Wenn wir stehenbleiben, bewegen wir uns durch ihre Bewegung; wenn wir schweigen, sprechen wir mit ihren Stimmen; wir schlummern nicht, ohne daß ihr Wachen unseren Schlaf aufhebt; und wir wachen nicht, ohne daß ihre Träume auf der Bühne unserer Vorstellung erscheinen. Wir und sie befinden uns in zwei Welten, die eine Welt umschließt, in zwei Zuständen, die einen einzigen Zustand birgt, und in zwei Existenzen, die ein universelles, ewiges Gewissen vereint, das weder Anfang noch Ende hat,

weder Oben noch Unten, weder Grenzen noch Richtungen.

NAGIB: Wird ein Tag kommen, meine Herrin,
an dem wir aufgrund wissenschaftlicher
Forschungen und Sinneserfahrungen
wissen werden, was unser Geist durch
Vorstellungskraft und Vision erfaßt und
unsere Herzen durch ihre Sehnsucht erfahren? Werden wir uns des Bleibens
unseres geistigen «Ich» nach dem Tod
versichern können, wie es uns einige na-
türliche Geheimnisse bestätigen, so daß
wir mit der Hand des reinen Wissens berühren, was wir jetzt mit dem Finger des
Glaubens ertasten?

AMINAT: Ja, dieser Tag wird kommen! Diejenigen, die die Wahrheit mit einigen ihrer
Sinne verstehen, werden nicht irren,
auch wenn sie an ihr zweifeln, bis sich
die Wahrheit auch den übrigen Sinnen
erschließt.
Wie sonderbar ist derjenige, der die
Drossel singen hört und sie in der Luft
flattern sieht, aber dennoch im Zweifel
darüber bleibt, was er gehört und gesehen hat, bis er sie in seinen Händen hält.
Wie sonderbar ist derjenige, der von einer schönen Wahrheit träumt und dann
versucht, sie durch sichtbare Formen darzustellen und zu verkörpern; und wenn es
ihm nicht gelingt, dann zweifelt er an
dem Traum, leugnet die Wahrheit und
bestreitet die Schönheit.

Wie töricht ist derjenige, der eine Vorstellung hat, die er in ihrer Form und in ihren besonderen Merkmalen zu gestalten sucht; und wenn es ihm nicht gelingt, sie durch Vergleiche und Beweise zu demonstrieren, seine Vorstellung für einen Wahn und ihre Darstellung für sinnlos hält. Wenn er aber eine Weile darüber nachdenkt, wird er erkennen, daß die Vorstellung eine Realität ist, die sich nicht versteinern läßt, und daß die Darstellung eine Kenntnis ist, so hoch, daß sie die Ketten der Maße übersteigt, und so weit, daß es unmöglich ist, sie in Käfige aus Silben und Wörtern zu sperren.

NAGIB: Gibt es in jeder Vorstellung eine Wahrheit und in jeder Darstellung ein Wissen?

AMINAT: Ja, so ist es. Der Spiegel der Seele reflektiert nur, was vor ihr steht, und selbst wenn die Seele es anders wollte, könnte sie es nicht.

Die ruhige See spiegelt in ihren Tiefen nur die Linien der Berge, die Formen der Bäume und die Wolkengebilde, die in Wahrheit existieren, und selbst wenn der See andere Bilder spiegeln wollte, so vermag er es nicht.

Die Zellen des Geistes geben nur das Echo der Stimmen wieder, die in der leichten Brise der Luft vibrierten, und selbst wenn sie es anders wollten, so könnten sie es nicht.

Das Licht wirft nur den Schatten des vor ihm Existierenden auf die Erde, und selbst wenn es das anders wollte, vermag es das nicht.

Wahrlich, etwas glauben heißt soviel wie etwas kennen. Der Gläubige sieht mit seiner inneren Einsicht, was Forscher und Wissenschaftler mit ihren Augen nicht sehen; er versteht die verborgenen Gedanken und begreift mit seinem inneren Denken, was sie mit ihrem entlehnten Denken nicht verstehen. Der Gläubige erprobt die heiligen Wahrheiten mit Sinnen, die von den Sinnen der übrigen Menschen abweichen. Diese glauben, daß ihre Sinne eine gutgebaute Festungsmauer sind; sie gehen auf ihrem Weg und sagen sich: es gibt keine Tore zu dieser Stadt. *(Aminat steht auf und kommt einige Schritte auf Nagib zu. Mit einem Ton, der erkennen läßt, daß sie ihr Gespräch beenden und ihren Worten nichts mehr hinzufügen möchte, sagt sie:)*

Der Gläubige lebt alle Tage und Nächte, während der Ungläubige nur einige begrenzte Sekunden lebt. Wie schwer ist das Leben für denjenigen, der seine Hand zwischen seinem Gesicht und der Welt aufrichtet, so daß er nichts anderes als die Linien seiner Handflächen sehen kann. Wie groß ist mein Mitleid mit dem, der sich mit dem Rücken zur Sonne wendet und nichts sieht, als den

Schatten seines Körpers, den ihr Licht auf die Erde wirft.

NAGIB: *(erhebt sich, wissend, daß die Stunde seines Abschieds naht)* Soll ich den Menschen sagen, wenn ich zu ihnen zurückkehre, daß Irm Dat al-Imad eine Stadt der Träume ist und daß Aminat al-'Alawiat kraft ihrer Sehnsucht in diese Stadt gelangte, die sie durch die Tür des Glaubens betreten hat?

AMINAT: Sag ihnen, daß Irm Dat al-Imad eine wirkliche Stadt ist, in der es Berge, Wälder, Meere und Wüsten gibt. Und sag, daß Aminat al-'Alawiat sie erreichte, nachdem sie die weite Wüste durchquert, die Qualen des Hungers und Durstes erlitten und den Kummer der Einsamkeit und des Alleinseins erduldet hatte. Sag, daß die Mächtigen der Jahrhunderte Irm Dat al-Imad aus realen und konkreten Elementen erbaut haben. Sie haben sie nicht vor den Menschen verborgen, aber die Menschen haben ihre Seelen vor ihr versteckt. Derjenige, der nicht zu ihr gelangt, soll sich über seinen Führer beklagen und sich nicht über die Schwierigkeiten des Weges beschweren. Sag den Menschen, daß derjenige, der seine Lampe nicht anzündet, im Dunkeln nichts anderes sieht als die Finsternis. *(Sie hebt ihr Gesicht zum Himmel, auf dem ein Schleier von Mitleid und Bedauern liegt.)*

NAGIB: *(nähert sich ihr und neigt den Kopf; nachdem er eine Weile schweigend verharrt, küßt er ihre Hand und sagt)* Die Sonne ist schon untergegangen. Ich muß zurück zu den Wohnungen der Menschen, bevor die Dunkelheit den Weg verhüllt.

AMINAT: Geh im Licht! Geh im Frieden Gottes!

NAGIB: Ich werde im Licht der Fackel gehen, die du in meine Hand gelegt hast, Herrin.

AMINAT: Geh im Licht der Wahrheit, das der Sturm nicht auslöscht. *(Sie sieht ihn mit einem langen Blick voll mütterlicher Strahlen an, dann wendet sie sich von ihnen ab und schreitet unter den Bäumen, bis sie aus ihren Blicken schwindet.)*

ZEIN: *(nähert sich Nagib)* Wohin gehst du jetzt?

NAGIB: Zum Haus meiner Freunde in der Nähe der Orontesquelle.

ZEIN: Erlaubst du mir, daß ich dich begleite?

NAGIB: Es wird mir eine Freude sein. Doch ich glaubte, daß du in Animat al-'Alawiats Nähe bleiben wolltest. Ich habe dich seliggepriesen und mir gewünscht, an deiner Stelle zu sein.

ZEIN: Wir leben vom Licht der Sonne, doch in großer Entfernung von ihr. Wer aber kann in der Sonne leben? *(Mit bedeutungsvollem Ton:)* Ich komme einmal in der Woche hierher, erbitte den Segen und nehme Proviant mit – und wenn der Abend kommt, kehre ich zufrieden zurück.

NAGIB: Ich wünschte, alle Menschen könnten

einmal in der Woche kommen, um sich Segen und Wegzehrung zu holen und zufrieden zurückzukehren. *(Nagib löst die Pferdezügel und geht zu Fuß an der Seite von Zein al-'Abidin an-Nahawandi.)*

Vorhang

Mein Schweigen ist eine Hymne

Mein Schweigen ist eine Hymne, mein Hunger eine Völlerei; mein Durst ist Wasser, und mein Wachen Trunkenheit.

Mein Kummer ist Hochzeit, meine Entfremdung Begegnung; mein Inneres enthüllt sich, mein Äußeres verhüllt sich.

Wie oft beklagte ich meine Sorgen, während mein Herz sich ihrer rühmte, und wie oft weinte ich, während mein Mund lachte.

Wie oft wünschte ich mir einen Freund, während er an meiner Seite war, wie oft erstrebte ich etwas, während es sich schon in meinem Besitz befand.

Wie oft zerstreute die ausklingende schwarze Nacht meine Träume, und die Morgendämmerung sammelte sie wieder ein.

Ich betrachtete meinen Körper durch den Spiegel meiner Ideen, da sah ich ihn als Geist, den das Denken einengte.

In mir wohnt, der mich erschuf und mein Herz weit machte; in mir ist der Tod und das Grab, die Erneuerung und Auferstehung.

Wäre ich nicht lebendig, so wäre ich auch nicht
sterblich; und ohne das Verlangen meiner Seele,
hätte das Grab mich nicht begehrt.

Als ich meine Seele fragte, was die Ewigkeit mit
den Wünschen macht, die wir sammelten, da erwiderte sie: Ich bin die Ewigkeit!

An unsere Gegner

Du, der du uns befehdest, wir ließen uns nichts
zuschulden kommen als unsere Träume.

Sie sind Nektar ohne Gläser,
wie können wir sie unseren Tadlern anbieten?

Es sind Meere, deren Flut unser Schweigen
und deren Ebbe die Tinte unserer Federn ist.

*

Ihr seid Nachbarn des Gestern; wir aber streben
nach einem Tag,
dessen Morgendämmerung noch verborgen ist.

Ihr sucht die Erinnerung und ihre Trugbilder;
wir aber sind auf der Suche nach den Traumbildern
der Hoffnung.

Ihr habt die Erde bis zu den äußersten Grenzen erforscht;
wir haben uns die Weite des Weltraums erwählt.

Tadelt uns ruhig und schmäht uns;
flucht, spottet und macht euch über uns lustig!

Unterdrückt uns und tut uns Unrecht, steinigt und
kreuzigt uns!

Dem Geist in unserem Innern kann man keinen Schaden zufügen.

Wir sind ein Gestirn, das nicht rückwärts geht, weder im Licht noch im Schatten.

Und wenn ihr uns für einen Spalt im Äther haltet, so könnt ihr ihn durch eure Reden doch nicht ausfüllen.

O Seele

O Seele, ohne mein Verlangen nach der Ewigkeit
vernähme ich nicht die Melodien der Zeiten.
Dann würde ich meinem Leben ein Ende setzen,
und am Morgen
wäre es ein Geheimnis, das die Gräber bergen.

*

O Seele, wenn ich mich nicht in meinen Tränen
badete
und meine Wimpern nicht mit Kohel[1] schminkte,
lebte ich wie ein Blinder, der nichts
als das Gesicht der Finsternis erblickt.

*

O Seele, das Leben ist eine Nacht, die hereinbricht
und auf die das Morgenrot folgt, das kein Ende hat.
Der unstillbare Durst meiner Seele beweist mir,
daß es frisches Wasser gibt im Krug des barmherzi-
gen Todes.

*

O Seele, wenn der Unwissende sagt, daß der Geist
– dem Körper gleich – vergeht und daß nie

---

[1] Augenschminke

wiederkerkehrt, was vergangen ist,
dann sag ihm, daß die Blumen welken, während
das Samenkorn bleibt,
und dies ist die Substanz der Ewigkeit.

Das verborgene Land

Sieh das Morgenrot! Steh auf, verlassen wir die Häuser,
in denen wir keine Freunde haben.

Was kann sich die Pflanze erhoffen, deren Blüten
sich unterscheiden von anderen Rosen und Ane-
monen?

Und wie kann das Neue im Herzen
übereinstimmen mit Herzen,
in denen alles veraltet ist?

Sieh den jungen Morgen, der ruft!
Hör auf ihn und laß uns seinen Schritten folgen!

Wir sind des Abends überdrüssig, der behauptet,
daß das Morgenlicht sein Werk sei.

*

Wir verbrachten das Leben in einem Tal,
gesäumt von den Schatten der Sorgen.

Wir sahen die Verzweiflung wie Vogelscharen
aus Adlern und Eulen über den Felsen schweben.

Wir tranken Siechtum vom Wasser der Tümpel
und aßen das Gift der unreifen Trauben.

Wir trugen die Geduld als Gewand, und als es
verbrannte, haben wir uns mit der Asche bekleidet.
Wir breiteten unsere Matten aus;
und als wir darauf schliefen,
verwandelten sie sich in Spreu und Dornen.

*

O Land, das uns seit Anbeginn verborgen ist! Wie
können wir zu dir gelangen und auf welchem Weg
dich erreichen?

Welch eine Wüste außerhalb von dir! Ein Gebirge
hoher Mauern! Und wer von uns führt uns zu dir?

Bist du eine Luftspiegelung oder eine Hoffnung
in den Seelen derer, die Unerreichbares begehren?

Bist du ein Traum, der in den Herzen schwebt
und beim Erwachen enteilt?

Oder sind es Wolken, die beim Sonnenuntergang
ins Meer der Finsternis versinken?

*

O Land des Denkens, Wiege unserer Väter,
die das Wahre verehrten und die Schönheit anbete
ten!

Wir suchten dich nicht mit Hilfe von Fahrzeugen,
an Bord eines Schiffes oder auf dem Rücken des
Reittiers.

Du liegst weder im Osten noch im Westen,
weder auf der nördlichen noch auf der südlichen
Halbkugel.

Dich finden wir weder in der Luft noch in den Tiefen des Meeres,
nicht in der Weite der Wüste und nicht auf zerklüf-
tetem Gelände.

Du bist Licht und Feuer in unseren Geistern,
Du bist in meiner Brust mein zitterndes Herz.

.

Die Qual der Greise

Die Zeit der Liebe, die Jugend, ist zerronnen,
und unser Leben entschwindet wie ein blasser
Schatten.

Die Vergangenheit wird ausgelöscht, wie die Zeile
eines Buches auf feuchtem Papier.

Unsere Tage bescheren uns Folterqualen,
sie geizen mit Freuden und Vergnügen.

Was wir leidenschaftlich liebten,
endete in Verzweiflung.

Und was wir einst erstrebten,
verdrießt und langweilt uns nun.

Was uns gestern betrübte, ist vergangen
wie ein Traum zwischen Nacht und Morgengraun.

*

Hat die Hoffnung auf die Unsterblichkeit der Seele
uns abgelenkt von der Erinnerung an vergangene
Zeiten?

Kann der Schlummer die Spuren der Küsse
von den Lippen wischen,
die den Rosen der Wangen galten?

Hat sich unser der Verdruß bemächtigt und läßt uns vergessen die Trunkenheit einer Beziehung und die Sehnsucht der Trennung?

Hat der Tod die Ohren geschlossen, die das Stöhnen der Tyrannen und die Melodien des Schweigens vernahmen?

Wird das Grab die Augenlider verhüllen, die seine Geheimnisse erblickten, das wohlgehütete Geheimnis?

*

Wie viele tranken wir von den Gläsern, die in der Hand des Mundschenks wie glimmende Kohle leuchteten?

Wir schlürften mit den Lippen die Melodien
der Sanftheit, die sich im Mund des Glases gesammelt hatten.

Wir rezitierten Gedichte, bis die Sterne
des Himmels die Stimmen der Seelen hörten.

Diese Tage welkten wie die Blumen, als der Schnee aus dem Herzen des Winters fiel.

Was die Hände des Schicksals großzügig spendeten, hat die Hand des Elends heimlich geraubt.

*

Wenn wir das gewußt hätten, hätten wir keine
Nacht verpaßt zwischen Schlummer und Schlaf!
Wenn wir das gewußt hätten, hätten wir
keinen Augenblick versäumt zwischen Leere und
Schlaflosigkeit!
Wenn wir das gewußt hätten, hätten wir keinen
Moment
unserer Liebe in der Trennung verbracht!

Jetzt wissen wir es. Doch erst nachdem
das Schicksal rief: Brecht auf und geht!

Jetzt hören und bedenken wir es. Doch erst
beim Ruf der Gräber: Nähert euch!

Bei Gott, mein Herz!

Bei Gott, mein Herz, verbirg deine Liebe
und verhehle, was du bezweifelst,
vor denen, die dich sehen, sonst
wird es dir zum Schaden gereichen!

*

Wer Geheimnisse preisgibt,
gleicht einem Narren.
Und Schweigen und Geheimhaltung
geziemt dem, der liebt.

Bei Gott, mein Herz, wenn jemand zu dir kommt
und wissen will, was dir widerfahren ist,
verbirg es
und halte es geheim!

*

Wenn sie dich fragen, mein Herz:
Wo ist deine Geliebte?
Dann sag: Sie hat einen anderen gefesselt!
Und suche abzulenken.

Bei Gott, mein Herz,
verhülle dein Inneres!
Und wisse, was dich
schwächt, das heilt dich.

*

Die Liebe ist in den Geistern
wie der Wein in den Gläsern.
Was davon zum Vorschein kommt, ist Wasser,
und was verborgen bleibt, ist der Geist.

Bei Gott, mein Herz, verbirg deinen Kummer,
wenn die Meere toben
und die Gestirne drohen!
Du wirst der Gefahr entrinnen!

Lied der Nacht

Die Nacht schweigt. Und im Gewand des Schweigens verbergen sich ihre Träume.
Der Vollmond steht am Himmel, und läßt die Zeit nicht aus den Augen.

*

Komm, Tochter der Felder, laß uns die Weingärten der Liebenden aufsuchen!
Vielleicht können wir mit dem Saft der Reben die Flammen der Sehnsucht löschen.

*

Hör die Nachtigall in den Feldern! Sie verströmt ihre Melodien ins Firmament,
das die Berge mit dem Duft blühender Bäume füllen.

*

Fürchte dich nicht, Jüngling! Die Sterne halten die Kunde geheim, und die Nebel der Nacht verhüllen die Geheimnisse der Weingärten.

*

Fürchte dich nicht, Jüngling! Die Braut des Dschinn schläft ihren Rausch aus.

Fast wäre sie aus den Augen der Nymphen ent-
schwunden.

*

Und der Prinz der Dschinne[1] geht gedankenverlo-
ren vorbei.
Er ist verliebt wie ich, und kann nicht enthüllen,
was ihn verzehrt.

[1] im Volksglauben der Muslime und schon im vorislamischen Arabien:
Teufel, böser Geist, Dämon

Das Meer

In der Stille der Nacht, wenn das Erwachen des Menschen
aus den Falten des Schleiers hervortritt,
ruft der Wald: Ich bin die Entschlossenheit, die im Sonnenlicht aus dem Herzen der Erde wächst.
Doch das Meer verharrt schweigend
und sagt zu sich selbst: Die Entschlossenheit bin ich!

Und der Felsen spricht: Die Jahrhunderte haben mich als ein Symbol errichtet,
das bis zum Jüngsten Tag währt.
Doch das Meer verharrt schweigend und sagt
zu sich selbst: Das Symbol bin ich!

Und der Wind spricht: Was für eine erstaunliche Verbindung
bin ich zwischen Dunst und Himmel!
Doch das Meer verharrt schweigend und sagt
zu sich selbst: Mir gehört der Wind!

Und der Fluß spricht: Was für ein erfrischender Trunk bin ich,
der den Durst der Erde löscht!
Doch das Meer verharrt schweigend und sagt
zu sich: Mir gehört der Fluß!

Und der aufragende Gipfel sagt: Ich bleibe hier,
solange die Sterne am Himmel stehen!

Doch das Meer verharrt schweigend und sagt
zu sich: Mir gehören die Gipfel der Berge!

Und das Denken spricht: Ich bin der König,
außer mir gibt es keinen anderen König in dieser
Welt!
Doch das Meer verharrt ruhig und sagt
in seinem Schlaf: Mir gehört alles!

Die Amsel

Zwitschere dein Lied, Amsel,
denn das Lied ist das Geheimnis der Schöpfung.
O wäre ich wie du,
frei von Gefangenschaft und Fesseln!

Wäre ich ein Geist wie du,
der über dem Tal am Himmel schwebt.
Ich tränke das Licht wie Wein
aus Gläsern von Äther!

Wäre ich rein wie du,
genügsam und zufrieden gleich dir,
auf das achtend, was kommen wird,
und nicht beachtend, was vergangen ist!

Wäre ich so zart
und so prächtig wie du,
der Wind würde meine Flügel entfalten,
damit der Tau sie schmückt.

Wäre mein Denken wie das deine!
Es schwebte über den Wolken
und verströmte seine Melodien
zwischen Wald und Himmel.

Zwitschere dein Lied, Amsel,
und vertreibe Kummer und Sorgen.
In deiner Stimme gibt es eine Stimme,
die an das Ohr meines Ohres dringt.

Der mächtige Löwe

In der Finsternis der Nacht schreitet er gemessenen
Schrittes,
furchtbar und erschreckend wie die Nacht selbst.
Er ist einsam und allein, als hätte die Erde nichts
und niemand
außer ihn geschaffen, den starken, mächtigen
Herrn.

Hoch aufgerichtet berührt er mit seinen Füßen die
Erde,
wie der Wolkenrand die Berggipfel berührt.
Es scheint, als wäre der Körper unter seinem Gewand aus Strahlen, Dunst und Nebel beschaffen.

Ich wandte mich an ihn und sprach: O Traumbild,
das den Lauf
der Nacht anhält, bist du ein Dschinn oder ein
Mensch?
Wütend entgegnete er, und Spott mischte sich in
seine Stimme:
Ich bin der Schatten des Schicksals!

Da antwortete ich: Du irrst, Traumbild! Der
Schicksalsspruch starb
an dem Tag, als die Hände der Hebamme mich um-
faßten.
Er sagte verlegen: Ich bin die Liebe, die das Leben
gibt, das sie erhält.

Nein, erwiderte ich, die Liebe gleicht einer Blume;
sie lebt nicht weiter,
nachdem die Blüten des Frühlings welkten.
Zornig sagte er, während das Rauschen des Meeres
in seiner Stimme widerhallte:
Ich bin der furchtbare Tod!

Der Tod ist ein Morgen, entgegnete ich. Wenn er
kommt, weckt er den schlafenden aus seinem
Schlaf.
Da sagte er hochmütig: Ich bin die Ehre; und wer
mich nicht erwirbt, stirbt an seinem Unvermögen.

Ich sagte: Der Tod ist ein Schatten, der sich abwendet, und sich verflüchtigt zwischen Grab und Leichentuch.
Mißtrauisch entgegnete er: Ich bin das Geheimnis,
das Verbindung schafft zwischen Geist und Körper.

Doch ich antwortete: Das Geheimnis schwindet
wie ein Traum, wenn das Wachen des Denkens es
enthüllt.
Da entgegnete er heftig: Spare dir die Mühe, mich
zu fragen, wer ich bin! Ich sagte: Ist meine Frage
tadelnswert?

Vielsagend meinte er: Ich bin du! Frage weder die
Erde noch den Himmel nach mir!
Und wenn du mich kennen willst, sieh am Morgen
und am Abend in den Spiegel!

Nach diesen Worten schwand er aus meinen Blik-
ken wie Rauch, den der Wind davonträgt.

Und er ließ Gedanken in mir zurück, die bis zum anderen Morgen zwischen den Phantomen der Morgenröte schwebten.

Wenn ihr webt

Wenn ihr um meine Tage Zweifel spinnt
und um meine Nächte Vorwürfe webt,

zerstört nicht die feste Burg meiner Geduld
und entfernt nicht aus meinem Becher den Wein!

In meinem Leben gibt es ein Haus für die Stille,
in meinem Herzen einen Tempel für den Frieden.

Wer sich vom Mahl des Schicksals nährt,
fürchtet nicht, den Schlaf zu kosten.

Das Ansehen

Während der Ebbe schrieb ich eine Zeile auf den
Sand,
in die ich alles legte, was mein Verstand und Geist
enthält.

Während der Flut kehrte ich zurück, um die Worte
zu lesen,
und ich fand am Ufer nichts als meine Unwissenheit.

Gestern

Gestern gehörte mir ein Herz, das die Menschen und sich besänftigte – ich habe es verloren!

Dies war eine Epoche meines Lebens, die ich verbrachte, zwischen Liebesfreud und Liebesleid.

Doch die Liebe ist wie ein Stern im Himmel, dessen Licht bei Anbruch des Morgens erlischt.

Die Freude der Liebe ist ein Luftschloß ohne Bestand, die Schönheit der Liebe ein Schatten, der nicht währt.

Und die Zeit der Liebe ist ein Traum, der vergeht, wenn die Vernunft erwacht.

*

Wie oft durchwache ich die Nacht, und die Sehnsucht wachte mit mir;
ich ließ sie nicht aus den Augen, um nicht einzuschlafen.

Die Visionen der Leidenschaft umstanden mein Bett, und vereitelten meinen Schlaf.

Erschöpfung flüsterte mir in die Ohren: Wer ans
Ziel gelangen will, beklagt nicht seine Schwäche!

Jene Tage sind vergangen. Freut euch Augen,
ihnen in den Träumen zu begegnen!

Hüte dich, meine Seele, vor der Erinnerung
an diese Zeit und was in ihr geschah!

*

Wenn die Brise der Morgendämmerung aufkam,
drehte ich mich vor Freude im Tanze.

Wenn die Wolken Regen brachten, hielt ich
ihn für Wein, und füllte mein Glas damit.

Und wenn der Vollmond am Himmel stand,
während sie an meiner Seite war,
fragte ich mich: Hat er denn keine Scheu?

All dies war gestern! Und was gestern war,
hat sich mit dem Nebel aufgelöst.

Meine Vergangenheit verflüchtigte sich mit der
Zeit,
wie die Brise die aufgereihten Perlen einer Kette
verweht.

*

Söhne meiner Mutter, wenn Suad[1] kommt,
und die Jugend nach ihrem traurigen Liebhaber
fragt,

Sagt ihr, daß die Tage der Trennung
die Flammen in meinem Herzen erstickten.

An die Stelle der Glut trat Asche,
und die Zeit verwischte die Spuren der Tränen.

Wenn sie darüber zürnt, ärgert euch nicht!
Weint sie, habt Mitleid mit ihr!

Und wenn sie lacht, wundert euch nicht,
denn so geht es allen Liebenden.

*

Wüßte ich nur, ob zurückkehrt, was vergangen ist,
und ob sich die Liebenden wiederbegegnen?

Gibt es für meine Seele nach dem Schlaf ein Erwachen,
das mir das Gesicht meiner dunklen Vergangenheit
zeigt?

Präsentiert sich der September etwa mit Frühlings-
liedern,
während Herstblätter seine Ohren bedecken?

---

[1] Frauenname

Nein, für mein Herz gibt es weder Erneuerung
noch Auferstehung,
und die geschnittenen Zweige grünen nicht mehr.

Die Hand des Mähers kann die Blumen nicht bele-
ben,
nachdem seine Sichel sie abgemäht hat.

*

Der Geist veraltete in meinem Körper,
er nimmt nichts anderes mehr wahr
als die Schatten der Jahre.
Wenn die Sympathie in meinem Herzen nachläßt,
nimmt sie den Stab der Geduld zu Hilfe.

Meine Wünsche werden sich krümmen
und beugen,
bevor ich die Grenze der Vierzig erreichte.
Und wenn sie kommt und fragt: Was ist mit ihm
geschehen?
Sagt ihr: Der Wahnsinn suchte ihn heim.

Und wenn sie fragt: Wird er davon geheilt werden?
So antwortet ihr: Der Tod wird ihn davon heilen!

Was der Bach sagt

Ich wanderte durchs Tal, als der Morgen anbrach,
und das Geheimnis verkündete: daß das Sein kein
Ende hat.

Plötzlich stand ich vor einem Bach, der durch das
Tal fließt, und singend sagte:

Das Leben besteht nicht aus Wohlbefinden, sondern aus Suchen und Streben.
Der Tod kommt nicht mit Gesängen, sondern mit
Verzweiflung und Krankheit.
Der Weise erweist sich nicht durch Worte, sondern
durch das Geheimnis, das sich dahinter verbirgt.
Den Angesehenen erkennt man nicht an seiner
Stellung, vielmehr gebührt diese Ehre dem,
der einen hohen Rang ablehnt.
Den Edlen erkennt man nicht an seinen Ahnen. Wie
viele Edle waren Opfer ihrer Vorfahren?
Den unterwürfigen Menschen erkennt man nicht
an seinen Ketten, denn Ketten können
prächtiger sein als kostbarer Schmuck.
Das Paradies besteht nicht in der Belohnung, vielmehr befindet es sich in den reinen Herzen.
Die Hölle besteht nicht aus Qualen, sondern sie ist
in den leeren Herzen.
Der Besitz mißt sich nicht im Gold. Wie viele Vagabunden sind reicher als die Reichen?

Der Arme erweist sich nicht durch Geringschät-
        zung, denn der Reichtum der Welt ist ein
        Laib Brot und ein Gewand.
Die Schönheit zeigt sich nicht in den Gesichtern,
        denn sie ist ein warmer Strahl für die Her-
        zen.
Die Vollkommenheit besteht nicht in der Unbe-
        scholtenheit, vielleicht hat derjenige mehr
        Verdienste, der Fehler begeht.

Das ist es, was der Bach den Felsen sagte,
die an seiner Rechten und Linken aufragten.

Und vielleicht stammt, was er sagte,
von den Geheimnissen der Meere.